"十二五"职业教育国家规划教材
经全国职业教育教材审定委员会审定

21世纪高职高专规划教材·市场营销系列
浙江省高职高专市场营销优势专业建设成果
总主编　章金萍

市场营销实务
(第四版)

主　编　章金萍

中国人民大学出版社
·北京·

前言

Preface

随着国内高职院校课程教学改革的日益深入，教材作为教学基本建设的重要内容之一，既是课程改革实施的依托和课程改革成果的外化，又是人才培养模式创新的重要载体。而为进一步适应财经管理类专业工学结合人才培养模式创新以及互联网技术引发的教学方法与手段的革命性变革，在教材编写上需要与之相适应的内容、体例及表现形式。

“市场营销”课程是市场营销专业的专业基础课，也是高职财经类专业普遍开设的一门必修课程。早在2005年2月，浙江大学出版社就曾出版了由本人主编的《市场营销理论与实务》教材，该教材于2008年被教育部列入普通高等教育“十一五”国家级规划教材。根据教育部及出版社的要求，教材进行了较大幅度的修订，结构体例完全按照任务驱动的项目教学模式进行架构，并将教材更名为《市场营销实务》，以突出对学生营销实战能力的指导和训练。同时，由本人主持的“市场营销技术”课程也被教育部高职高专工商管理类专业教学指导委员会立项为2008年度精品课程，《市场营销实务》（第二版）也作为与该课程相配套的教材，于2010年1月由浙江大学出版社出版。两版教材自出版以来共印刷7次，累计发行量2万余册。

2013年《市场营销实务》（第三版）教材，得到中国人民大学出版社的领导和编辑的抬爱和支持，在教材大纲、体例以及内容方面又经过了较为深入的论证及较大幅度的修改，并被评为教育部“十二五”职业教育国家规划教材。该版教材在保持上一版教材实战性特点的基础上，加入了更多基本知识的学习和案例讨论的内容，从而实现了理论与实践并重、分析与实战并重的目标。该版教材自2013年6月第一次印刷以来已加印5次，累计发行量近15 000册。

《市场营销实务》（第四版）的编写也融入了经济社会发展的最新成果。近三年来，随着国内产业结构的转型升级，一些传统产业的优势不复存在，新兴产业大量出现。经济社会中出现的新事物、新现象、新问题理应反映在教学内容中，因此第四版更新了上版全部的教学案例，使学生能够接触到经济转型升级中市场领域的最新动态，从而能够以新观点、新视角、新方法去思考、分析和解决问题。同时，本版教材按照新颖版式设计和编排内容，纸介质教材和数字化资源有机联系、相互配合、互相支撑，实现了理论与实践一体、线上与线下一体的目标。

本教材以营销职业岗位及岗位群要求的职业能力分析为依据，以营销职业岗位的工作流程为顺序，将教材内容整合成相互关联的六个项目：项目一：感悟营销，项目二：分析营销环境，项目三：调研市场，项目四：制定营销战略，项目五：设计营销组合策略，项目六：开展商务实战。每个项目又根据学习规律由浅入深设置了大家来讨论、课堂活动等栏目以及基本知识、操作指导、案例学习、知识拓展、团队项目实战训练等模块。同时，还通过网络技术将案例、演示文稿、动画、视频、微课、习题等丰富的课程学习素材在网络课程中展示，既能够使学生系统地学习基本知识，弥补了许多任务驱动的项目教学教材在学生系统知识掌握上的不足，又能通过案例学习、操作指导、课堂活动等训练学生的思考、理解与操作能力，使学生的实战能力的训练得到了强化。此外，通过实体课堂学习与课后网络课堂中碎片化资源的学习和利用，真正实现跨时空课程学习的新目标。本教材各项目基本知识和操作指导部分的内容详见下表：

本教材各项目基本知识和操作指导一览表

项目名称	基本知识	操作指导
项目一：感悟营销	市场营销的含义	市场营销管理的基本过程
	核心营销概念	成立公司的流程
	企业经营理念	公司章程的拟定
项目二：分析营销环境	市场营销环境的含义与特征	“威胁-机会分析矩阵图”的绘制
	微观市场营销环境	SWOT 分析的步骤
	宏观市场营销环境	
项目三：调研市场	市场调研概述	市场调研的基本流程
	市场调研常用的方法	营销调研报告的基本结构、内容和撰写技巧
		街头拦截调查
项目四：制定营销战略	市场细分	市场细分的基本流程
	目标市场选择	目标市场选择的基本流程
	市场定位	市场定位的基本流程
项目五：设计营销组合策略	产品组合	新产品开发程序
	新产品概念	品牌名称与标志设计
	品牌策略	分销渠道设计与管理
	包装策略	促销组合的决策和实施
	影响定价的因素	
	定价方法	
	定价策略	
	分销渠道	
	中间商	
	促销策略	

续前表

项目名称	基本知识	操作指导
项目六：开展商务实战	客户开发	客户开发计划的制定
	推销拜访	拜访计划的制定
	推销洽谈	客户异议处理流程
	交易促成	
	客户管理与维护	

在本教材的编写过程中，我们汲取了众多专家、学者的最新研究成果，也得到了诸位行业业务能手的悉心指导，在此谨表编者的衷心感谢！但由于编者水平有限，难免有疏漏不妥之处，敬祈读者批评指正！

编者

2017 年 1 月于杭州

目 录

Contents

项目一　感悟营销 / 001

大家来讨论 / 002

模块 1　基本知识 / 002

模块 2　操作指导 / 009

模块 3　案例学习 / 020

模块 4　知识拓展 / 021

模块 5　团队项目实战训练 / 026

自测题 / 027

项目二　分析营销环境 / 029

大家来讨论 / 030

模块 1　基本知识 / 030

模块 2　操作指导 / 040

模块 3　案例学习 / 045

模块 4　知识拓展 / 047

模块 5　团队项目实战训练 / 048

自测题 / 049

项目三　调研市场 / 051

大家来讨论 / 052

模块 1　基本知识 / 052

模块 2　操作指导 / 056

模块 3　案例学习 / 073

模块 4　知识拓展 / 075

模块 5　团队项目实战训练 / 076

自测题 / 077

项目四 制定营销战略 / 079

大家来讨论 / 080

模块 1 基本知识 / 081

模块 2 操作指导 / 089

模块 3 案例学习 / 095

模块 4 知识拓展 / 098

模块 5 团队项目实战训练 / 100

自测题 / 101

项目五 设计营销组合策略 / 103

大家来讨论 / 104

模块 1 基本知识 / 105

模块 2 操作指导 / 142

模块 3 案例学习 / 150

模块 4 知识拓展 / 153

模块 5 团队项目实战训练 / 156

自测题 / 157

项目六 开展商务实战 / 161

大家来讨论 / 162

模块 1 基本知识 / 162

模块 2 操作指导 / 178

模块 3 案例学习 / 181

模块 4 知识拓展 / 183

模块 5 团队项目实战训练 / 184

自测题 / 185

参考文献 / 187

后　　记 / 189

项目一
感悟营销

学习目标

了解市场营销的含义、核心营销概念以及营销管理的过程，能够区别营销与推销；理解各种企业经营理念，能够分析各种经营理念的优劣及在不同企业的表现；掌握公司创立的条件及流程，能起草公司章程，确定注册资本及经营范围。

学习要求

1. 掌握市场营销的含义和核心营销概念；
2. 掌握各种企业经营理念；
3. 掌握公司创立的条件及流程。

能力目标

1. 能够分析各种经营理念的优劣及在不同企业的表现；
2. 能够起草公司章程。

二孩带来大生意

2015 年 10 月 29 日闭幕的十八届五中全会宣布，全面实施一对夫妇可生育两个孩子的政策。二孩出生即将带来的家庭户型革命，已经被精明的中国房地产商看在眼里。房地产市场出现了大户型单价贵过小户型的倒挂现象，不少楼盘开始推出“二孩定制户型”。据专家分析，二孩政策的放开势必会促进购房需求增加，“四居”将成为市场主流，因为按照目前的家庭居住需要，父母一间、孩子一间、老人一间，正好是三房，而一旦再生育孩子，不少家庭势必会选择四房的户型，将两个孩子放在各自相对独立的空间成长。同时，令不少家庭头疼的学区房竞争将更加激烈，也会将原本就天价的学区房继续推高。

“保障二胎孕妇营养均衡，保障二胎成长。”在二孩政策放开后的第二天，某知名奶粉厂家就在微博上贴出相关海报。相关数据显示，2014 年中国新生代母婴群体人均年消费高达5 000 元～18 000 元，市场将在 2016 年保持 15%左右的增长速度。据媒体报道，二孩政策在短时内炒热了原本波澜不惊的母婴市场，奶粉、辅助食品、纸尿裤、婴儿服饰、洗护用品，各种产品在“双 11”“双 12”狂欢节期间的活动和促销，已经令不少商家赚得盆满钵满。同时，温奶器、煮蛋器、儿童理发器、蒸汽消毒锅等小家电将在市场中受到重视。

专家预测，全面二孩后每年将新增 250 万名新生儿，2018 年新生儿有望超 2 000 万人，这么多新增的婴幼儿或许能让许多行业焕发新春。

资料来源：赵渌汀：《二孩带来大生意》，载《新周刊》，2016 (1)。

请思考：

1. 除上述行业外，二孩政策还会给哪些行业带来新的市场机会？

2. 选择其中某一行业的企业，分析其在一孩时代的营销策略，并提出二孩时代来临后的营销建议。

模块 1　基本知识

一、市场营销的含义

（一）市场营销的定义

市场营销（Marketing）活动是一种极为复杂的综合性过程，它贯穿于企业经营管理过程的全部。关于市场营销的含义，比较权威的是美国市场营销协会（American Marketing Association）和营销大师菲利普·科特勒（Philip Kotler）对其下的定义。

美国市场营销协会（2004）认为，市场营销是一项有组织的活动，包括创造、沟通和交付顾客价值和管理顾客关系的一系列过程，从而使利益相关者和企业都从中受益。

菲利普·科特勒认为，所谓市场营销，就是个人和集体通过创造、提供、出售、同别人自由交换产品和服务的方式以获得自己所需产品或服务的社会过程。[①]

菲利普·科特勒（Philip Kotler），被称为“现代营销学之父”。曾担任美国管理科学学会营销学会主席、美国市场营销协会理事和项目主席。

菲利普·科特勒

（二）营销与推销的区别

有人说营销就是推销。的确，营销离不开推销，但是仅仅依靠广告树立不起一流的品牌，同样如此，仅仅依靠推销也实现不了营销的目标。那么，推销和营销究竟是什么样的一种关系呢？

第一，推销是营销的职能之一，但是又往往不是最重要的职能。推销仅仅是营销过程中的一个步骤或者一项活动，在整个营销活动中并不是最主要的部分。当企业面临的销售压力很大时，很多人都会把推销放在非常重要的地位。但是，如果通过周密的市场调研，科学的市场细分，有针对性的目标市场选择，按照顾客的要求组织产品设计，按照顾客能够接受的价格水平来确定价格，按照顾客购买最便利的要求来构筑分销网络，就可能会形成顾客盈门的现象。

第二，推销只不过是营销的冰山一角。推销的目的就是要尽可能多地实现商品的销售，营销的目的当然也是如此，因此，两者的落脚点是一致的。营销的目标是要尽可能多地实现产品的销售，如果把营销比作一座冰山，那么，推销就是这座冰山的顶端。营销这座冰山的最高点是要尽可能多地实现产品的销售，但是，这座冰山容易融化，如果做不好，顶端就没那么高，推销的目标就实现不了。因此，只有踏踏实实地做好营销的每一项工作，才能实现推销的目标，否则推销的目标就不可能实现，或者仅仅是纸上谈兵。

资源

动画：肯德基的企业形象

第三，营销的目标就是要使推销成为多余。著名的管理学大师彼得·德鲁克（Peter Drucker）曾说过：“市场营销的目标是使推销成为多余。”也就是说，如果能够重视营销工作，科学地做好营销管理工作，就可以使我们的推销压力变得越来越小。市场营销的目的就在于

① ［美］菲利普·科特勒、凯文·莱恩·凯勒著：《营销管理（第13版）》，6页，王永贵等译，上海，格致出版社、上海人民出版社，2009。

深刻认识和了解顾客，从而使产品和服务完全适应特定顾客的需要，实现产品的自我销售。[①]

二、核心营销概念

为了更好地理解市场营销的含义，我们首先需要解释下面一些核心营销概念，它们是：需要、欲望、需求，营销供给（产品、服务和体验），顾客价值和顾客满意，交换、交易和关系以及市场。只有准确把握这些核心营销概念及其相互之间的关系，才能深刻认识市场营销的本质。图1—1表明了这些核心营销概念及相互关系。

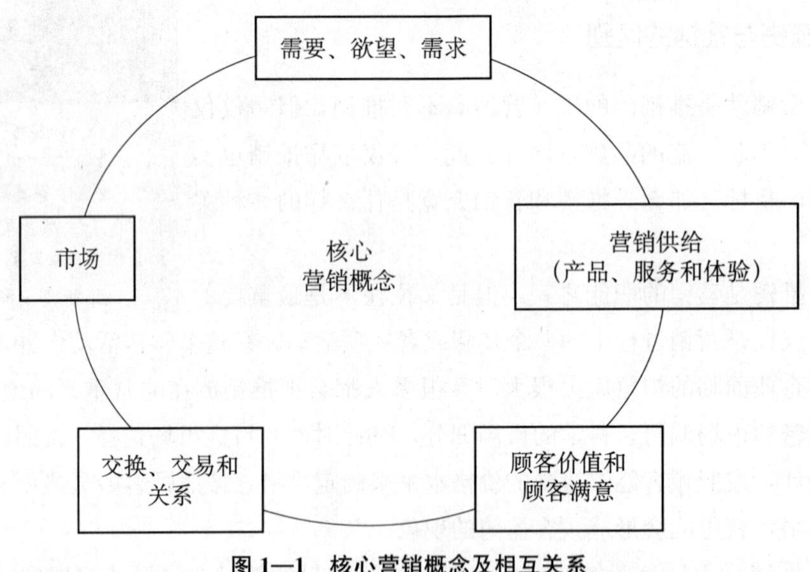

图1—1　核心营销概念及相互关系

（一）需要、欲望、需求

需要（Needs）和欲望（Wants）是市场营销活动的起点。满足消费者的需要、欲望和需求（Demands）是市场营销活动的目的。

1．需要

营销的基石是人类所具有的需要。需要是指人们没有得到某些基本满足的感受状态，是人类与生俱来的，既包括物质的、生理的需要，也包括精神的、心理的需要，需要具有多元化、层次化、个性化、发展化的特性。它存在于人类自身生理和社会之中，市场营销者可用不同方式满足它，但不能凭空创造。

2．欲望

欲望是指想得到上述基本需要的具体满足品的愿望，是个人受不同文化及社会环境影

① Peter Drucker，*Management*：*Tasks*，*Responsibilities*，*Practices*，New York：Harper and Row，1973，pp. 64 - 65.

响表现出来的对基本需要的特定追求。例如：为满足“解渴”的需要，人们可能选择（追求）喝开水、茶、汽水、果汁、绿豆汤等。欲望源于需要，欲望生成行为动机和行为过程。伴随着社会的进步，社会成员的欲望也在不断增加，生产者正努力提供更丰富的产品和服务来满足人们的欲望。因此，尽管市场营销者无法创造需求，但可以影响欲望，开发和销售特定的产品和服务来满足欲望。

3. 需求

需求是指人们有能力购买并愿意购买某个具体产品的欲望。许多人想要奔驰汽车，但只有少数人具有支付能力。当人们具有购买能力时，欲望便转化为需求。市场营销者总是通过各种营销手段影响需求，并根据对需求的预测结果决定是否进入某一产品（服务）市场。

（二）营销供给（产品、服务和体验）

营销供给（Marketing Offer）是指企业提供给一个市场，能够满足人的需要和欲望的产品、服务、信息和体验的结合体。营销供给可以是实体产品，也可以是服务、活动或者利益。例如：人们购买小汽车不是为了观赏，而是为了得到它所提供的交通服务。广义上讲，营销供给可以延伸到人员、地点、活动、组织、观念等实体。

动画：营销供给

消费者在选择和购买产品时，实际上是在选择和购买最能满足他们需要的一种愿望和利益。许多营销者更注重实物产品，从而忽视了产品所提供的利益或是体验，这往往导致错误。如果只研究产品载体，忽视消费者的需要和欲望，不清楚消费者真正的购买愿望和利益，产品的生产和销售便失去了市场意义，就会因犯市场“营销近视症”的错误而失去市场。

（三）顾客价值和顾客满意

顾客通常面对众多可以满足某种特定欲望的产品和服务，他们如何在这些产品和服务中作出选择呢？一般来说，顾客是根据产品和服务对其提供价值和满意的感知作出购买选择的。

1. 顾客价值

顾客价值（Customer Value）是指拥有或使用一个产品获得的价值与获取这一产品所付出的成本之差。消费者通常根据以往的购买经验、朋友的意见以及营销者和竞争者的信息与承诺，来建立对各种营销供给的期望。价值是市场营销中的一个核心概念。事实上，我们可以把市场营销看作识别、创造、沟通、交付和监督顾客价值的一个过程。

2. 顾客满意

顾客满意（Customer Satisfaction）是指对一次购买的满意程度，依赖于一个产品性能是否达到顾客期望。满意反映的是顾客对产品的实际表现与自己的期望进行比较的结果。如果产品的实际表现低于期望，那么顾客就会不满意；如果相等，顾客就会满

视频：麦当劳——全国早餐日

意；如果超出了期望，顾客就会非常高兴。满意的顾客将会再次购买，并将自己愉快的购买经历告诉别人；不满意的顾客将会转向购买竞争者的营销供给，并将不愉快的购买经历告诉别人。

因此，营销者应认真设定顾客适当的期望水平。如果设定的期望水平过低，虽然可以令购买者满意，但却无法吸引足够多的顾客；如果设定的期望水平过高，购买者有可能会失望。

（四）交换、交易和关系

当人们开始通过交换来满足欲望和需求的时候就出现了营销。

1．交换

交换（Exchange）是指从他人处取得所需之物，而以其某种东西作为回报的行为。人们可以通过各种方式取得满足需求或欲望之物，如自产自用、强取豪夺、乞讨和交换等方式，交换是其中之一。但只有通过市场交换取得产品时，才存在市场营销。

2．交易

交换是一种过程，在此过程中，如果双方达成一项协议，便称之为发生了交易。交易（Transaction）是指交换的基本组成单位，是交换双方之间的价值交换。在一项交易中，一方把 X 给予另一方，并从另一方得到 Y 作为回报。交易的方式有货币交易和非货币交易。交易发生的基本条件是：交易双方，双方互为满意的有价值的物品，双方满意的交换条件（价格、地点、时间、运输及结算方式等）。

3．关系

为使企业获得比短期交易所得到的更多，就需要采用关系营销（Relationship Marketing），与顾客、分销商、零售商及供货商建立长期的交换关系（Exchange Relationships）。关系营销可以节约交易的时间和成本，使市场营销宗旨从追求每一笔交易利润最大化转向追求各方利益关系的最大化。

（五）市场

资源

动画：市场

市场（Market）是一个产品实际与潜在购买者的组合，由一切具有特定欲望和需求并愿意且能够以交换来满足此欲望和需求的现实与潜在顾客组成。我们既可将市场看做买卖双方聚集交易的场所，如百货商场、大型超市、专卖店、地摊市场等，又可将其看做各种要素市场有机结合的市场体系，如商品市场、资本市场、技术市场、劳动力市场、信息市场、房地产市场、旅游市场等。市场是买卖双方利益交换关系的总和。市场营销者常常将市场看成与卖者相对应的各类买者的总和。我们通常说，卖者构成行业，买者才构成市场。

三、企业经营理念

企业经营理念是指企业打算通过哪些营销活动获取利润，如何处理企业与顾客、企业与社会之间的关系。企业经营理念正确与否决定着营销的成败。企业在进行营销活动时可能采用的指导思想可以分为五种，即生产观念、产品观念、销售观念、营销观念和社会营销观念。

资源

视频：通用电气——丝绸之路

（一）生产观念

生产观念（Production Concept）是指企业把提高效率、增加产量、降低成本和价格作为一切活动的中心，以此扩大销售，取得利润的一种经营指导思想。其基本点是：顾客会接受任何他能买到并且买得起的产品，因此，管理的主要任务就是提高生产和分销的效率。具体有两种情形：第一种是由于生产的相对落后，市场上商品不丰富，许多商品供不应求，企业只要提高产量，就可获得巨额利润，而不必关心产品的其他方面；第二种是当生产成本太高时，提高生产率可降低成本，从而降低价格，扩大销路，企业就会把全部注意力都放在如何提高生产率上。

动画：生产观念

生产观念具体表现为“我们能生产什么，就卖什么”，即“以产定销”。西方资本主义国家在工业化初期、第二次世界大战后一个时期内，由于物资短缺，需求旺盛，许多产品供不应求，因而生产观念在企业界颇为流行。

（二）产品观念

产品观念（Product Concept）是指企业不是通过需求分析开发相应的产品，而是把提高质量、降低成本作为一切活动的中心，以此扩大销售，取得利润的一种经营指导思想。其特点是以生产为中心，注重企业自身条件而不注重市场需求，认为企业的主要任务就是提高产品的质量，注重产品生产而不注重产品销售，认为消费者喜欢高质量、多功能和有特色的产品，只要产品好，不愁卖不了。

产品观念是生产观念的后期表现。与生产观念不同的是：不仅注重了产品数量，还注重了产品质量，但产品观念容易导致“营销近视症”。例如：铁路行业以为顾客需要火车而非运输，忽略了飞机、公共汽车、卡车等其他运输方式带来的日益激烈的竞争；高校管理部门曾认为高中毕业生需要的是通才教育，从而忽视了日益增加的职业教育的挑战。柯达（Kodak）公司曾经设想，人们需要的是一种照相胶片，而不是一种留住与别人分享记忆的方式，从而忽略了数码相机对它的挑战。

资源

动画：产品观念

（三）销售观念

资源
动画：销售观念

销售观念（Selling Concept）又称推销观念，是指企业认为消费者不会足量购买商品，除非企业进行大规模推销和促销，把强迫和引诱顾客购买作为一切活动的中心，以此扩大销售，取得利润的一种经营指导思想。生产力水平的提高，科学技术和先进设备的广泛应用，有效供给大大增加，市场竞争激烈，市场销售矛盾十分尖锐，企业经营的重点不是如何生产，而是如何将生产出来的产品销售出去，于是，生产观念便被销售观念取而代之。销售观念的基本认识是：产品是被卖出去的，而不是被买出去的。如果企业不组织大规模的促销和推销，顾客就不会购买足够多的产品。

（四）营销观念

资源
动画：营销观念

营销观念（Marketing Concept）是指企业以顾客需要为中心，把满足顾客需要作为一切活动的中心，通过顾客的广泛购买和重复购买来扩大销售，取得利润的一种经营指导思想。具体表现为“顾客需要什么，我们就生产什么”。这种观念首先分析顾客需要，确定目标市场，然后通过产品设计开发、生产过程、促销和售后服务等整体营销活动满足目标市场需要。营销观念是新旧市场观念的分水岭，它的出现在市场营销学研究中被视为企业经营思想的大变革，被称做“营销革命”。许多成功的著名公司均采用了营销观念，如新加坡航空（Singapore Airlines）、索尼（Sony）、三星（Samsung）等都是营销观念的忠实追随者。

（五）社会营销观念

资源
动画：社会营销观念

社会营销观念（Social Marketing Concept）是指企业以兼顾顾客眼前利益和长远利益、顾客个人利益和社会整体利益为中心而开展一切活动，在取得顾客信任和社会好评的基础上扩大销售、增加利润的一种经营指导思想。从 20 世纪 70 年代起，随着全球环境破坏、资源短缺、人口爆炸、通货膨胀和忽视社会服务等问题日益严重，要求企业顾及消费者整体与长远利益（即社会利益）的呼声越来越高。为了维护消费者的利益，许多国家成立了消费者保护协会，消费者主义兴起。在这种背景下，提出了社会营销观念。社会营销观念在营销观念的基础上增加了两个因素：一是不仅要考虑消费者已存在的欲望，同时要兼顾他们潜在的需要和利益；二是既要考虑消费者个人和社会的目前利益，也要考虑长远利益，即人类的福利。具体如图 1—2 所示。

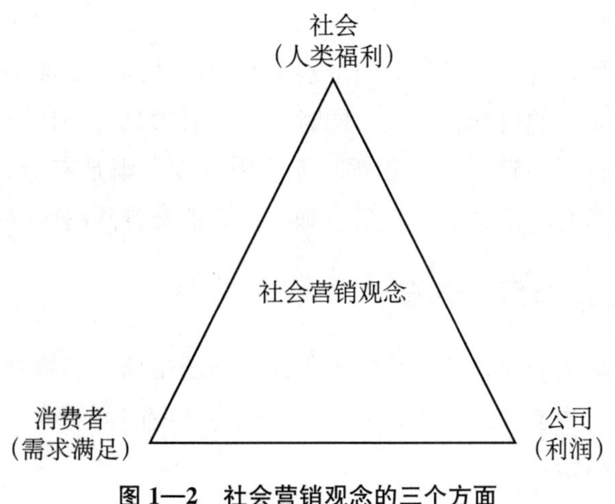

图 1—2　社会营销观念的三个方面

模块 2　操作指导

一、市场营销管理的基本过程

资源

动画：市场营销管理过程

市场营销管理（Marketing Management）是选择目标市场并与其建立盈利性客户关系的一门艺术和科学。市场营销管理过程就是企业为实现其任务和目标而发现、分析、选择和利用市场机会的管理过程。这一过程一般包括以下几个步骤：

（一）发现和评估市场机会

市场机会是指市场上存在的未被满足的消费需求。在当今时代，没有一家企业可以依赖目前的市场和产品而永远获利，长盛不衰。所以，任何企业都必须不断地寻找、发现和分析新的市场机会，为企业的生存和发展寻找出路。

1. 发现市场机会

企业可以通过系统化或非正式的方法来随时注意获取市场情报，寻找新的市场机会，以产生许多市场开发的新构想。发现市场机会，一是可以在现有市场上挖掘潜力，指导现有的产品进一步渗透到现有的目标市场上去，扩大销售量；二是可以在现有的产品无潜力可挖的情况下，以现有的产品开发新的市场；三是在市场开发无潜力可挖时，考虑进行新产品开发；四是当产品开发已潜力不大时，可根据自身资源条件考虑多角化经营，在多种经营中寻求新的市场机会。

2. 评估市场机会

在发掘市场机会后，进行市场机会的鉴别是营销成功的重要前提。要使市场机会变成企业的机会，必须与企业的目标相一致。同时企业还必须具有利用该市场机会的能力。如果市场机会与企业目标不一致，或企业暂时无能力开发，则是不适宜的市场机会。因此，评估好与企业目标相匹配的市场机会，是正确制定企业经营战略的一个关键环节。

（二）细分市场和选择目标市场

在发现和评估市场机会中，往往会产生出许多新的市场开发构想。企业要做的就是如何从若干好的构想意见中遴选出最能符合企业目标与开发能力的一项作为开发任务。这需要经常做四个步骤的事情：

1. 市场需要衡量与预测

市场需要衡量与预测就是对市场开发的现状与未来的前景作严密的估计。每个企业都希望进入前景良好的市场。由于影响未来市场的因素很多，因此这种预测相当困难。这对企业是很大的挑战，必须做好。

2. 市场细分

假若企业对市场开发的预测很一致，企业还必须进行市场细分的工作。经营者要通过地理变数、人口变数、心理变数、行为变数来细分市场。

3. 选择目标市场

细分后的市场各有不同的需求，企业要选择其中的一个或几个市场进行经营。

4. 市场定位

企业一旦选定目标市场，就要研究如何在目标市场上进行产品的市场定位，即勾画产品形象，为自己的产品确定一个合适的市场位置。

（三）拟定市场营销组合

企业制定出产品开发定位的计划后，便可开始策划市场营销组合的细节。市场营销组合是企业针对确定的目标市场，综合运用各种可能的营销手段，组合成一个系统化的整体策略，以便达到企业的经营目标。市场营销的手段有几十种之多，麦卡锡把这些手段归为4个因素，简称“4P”，即产品、价格、分销和促销，如图1—3所示。

1. 产品

代表企业提供给目标市场的货物或服务的组合，包括产品的品牌、包装、品质、服务以及产品组合等内容。

2. 价格

代表消费者为获得该产品所付出的金额，包括制定零售价、批发价、折扣和信用条件等。

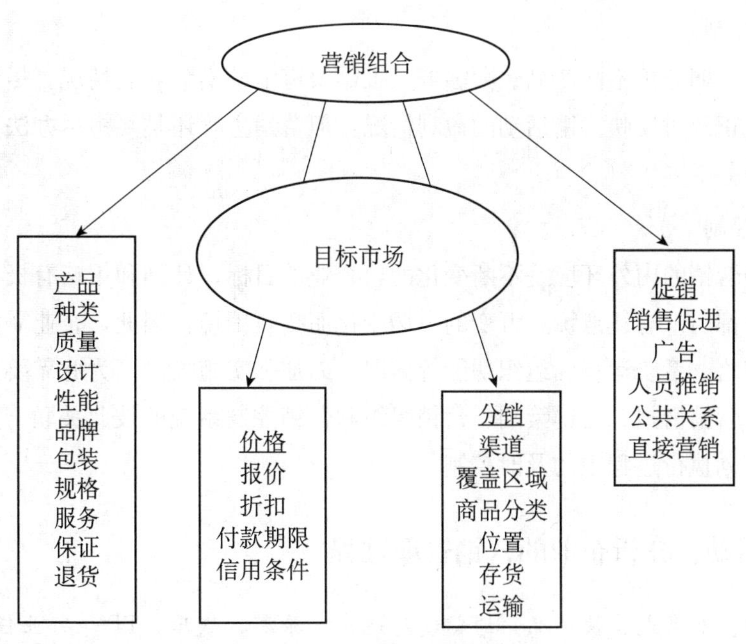

图 1—3 市场营销组合图

3. 分销

代表企业为使产品送达目标顾客手中所采取的各种活动，包括发挥批发商和零售商的作用等。

4. 促销

代表企业为宣传其产品优点及说服目标顾客购买所采取的各种活动，包括广告、人员推销、营业推广及公共关系等。

(四) 组织、执行和控制市场营销

为了贯彻落实营销工作，企业必须设立一个营销组织，由营销经理负责组织实施。营销经理的任务包括：一是协调所有营销人员的工作；二是与财务、生产、研究与开发、采购和人事主管密切配合，同舟共济；三是督导、激励、考核、培训下属，检查任务执行情况。

在市场营销计划落实过程中，常常会发生许多意想不到的情况，企业需要以控制行动来保证市场营销目标的实现。市场营销控制有三种类型：

1. 年度计划控制

年度计划控制的任务是确保企业能完成年度计划所规定的销售额、利润和其他目标。为此，第一，必须在营销年度计划中设定每月、每季的明确目标；第二，必须采用能衡量市场实际成效和进度的方法；第三，必须找出执行计划中存在严重偏差的原因；第四，必须及时解决问题，消除目标与成效间的差距。可能需要改进计划执行方式，甚至改变原定的目标。

2．利润控制

企业必须定期分析不同产品、顾客群、批零渠道上的实际获利情况。尽管企业的会计系统很少能真正及时反映营销活动的盈利情况，但营销主管还是要想尽办法完成和超额完成利润计划任务。

3．策略控制

由于市场营销的内外环境是不断变化的，企业的目标、计划和策略有极易过时的可能性，很多企业都因没有注意瞬息万变的市场变化而招致困境，因此，企业需定期检查市场营销环境、策略、系统运行、组织功能等情况，以加强实施控制。为此需要通过企业营销四大系统——营销情报、营销策划、营销组织和营销控制系统的彼此关联、密切合作的工作，来进行计划执行过程中的及时控制。

课堂活动：分析企业的营销管理过程

背景资料： 在家电、快消品、通信、房地产、旅游、娱乐、IT 等行业任选一家企业，收集该企业的成长发展资料，分析其营销管理过程。

分析执行： 首先，团队讨论确定拟分析的企业。然后，从该企业如何发现和评估市场机会、如何细分市场和选择目标市场、如何拟定市场营销组合以及如何组织、执行和控制市场营销四个方面加以分析。最后，将分析结果填入表 1—1 中。

活动记录：

表 1—1　　××企业营销管理过程分析

营销活动	管理过程
市场机会	
市场细分	
目标市场选择	
市场营销组合	
组织、执行、控制	

二、成立公司的流程

（一）公司成立的条件

《中华人民共和国公司法》对公司成立的条件作了界定，概括起来主要有下列条件：

（1）应当依法向公司登记机关申请设立登记。

（2）必须依法制定公司章程。

（3）由公司登记机关发给公司营业执照。营业执照应当载明公司的名称、住所、注册资本、实收资本、经营范围、法定代表人姓名等事项。

（4）公司以其主要办事机构所在地为住所。

（5）公司的经营范围由公司章程规定，并依法登记。

（6）公司法定代表人依照公司章程的规定，由董事长、执行董事或者经理担任，并依法登记。

（7）如果设立的是有限责任公司，应当具备下列条件：①股东符合法定人数，即50个以下股东；②股东出资达到法定资本最低限额，即人民币3万元；③股东共同制定公司章程，章程应当载明：公司名称和住所，公司经营范围，公司注册资本，股东的姓名或者名称，股东的出资方式、出资额和出资时间，公司的机构及其产生办法、职权、议事规则，公司法定代表人，股东会会议认为需要规定的其他事项；④有公司名称，建立符合有限责任公司要求的组织机构；⑤有公司住所。

（8）如果设立的是股份有限公司，应当具备下列条件：①发起人符合法定人数，即应当有2人以上200人以下为发起人，其中须有半数以上的发起人在中国境内有住所；②发起人认购和募集的股本达到法定资本最低限额，即人民币500万元；③股份发行、筹办事项符合法律规定；④发起人制定公司章程，章程应当载明：公司名称和住所，公司经营范围，公司设立方式，公司股份总数、每股金额和注册资本，发起人的姓名或者名称、认购的股份数、出资方式和出资时间，董事会的组成、职权和议事规则，公司的法定代表人，监事会的组成、职权和议事规则，公司利润分配办法，公司的解散事由与清算办法，公司的通知和公告办法，股东大会会议认为需要规定的其他事项；⑤有公司名称，建立符合股份有限公司要求的组织机构；⑥有公司住所。

（二）公司成立的流程

公司成立的流程包括：

1．工商注册

工商注册即向工商管理部门申请办理营业执照的过程，具体程序如图1—4所示。

2．办理组织机构代码证

在办理组织机构代码证时，一般需提供下列资料：

（1）营业执照副本及复印件两份；

（2）法人、经办人身份证复印件（身份证需正、反面复印）；

（3）公司成立验资报告复印件；

（4）工商局核准通知书；

（5）公章。

上述所提供资料必须用A4纸复印。

3．办理税务登记证

税务登记证分为国税税务登记证和地税税务登记证两种。

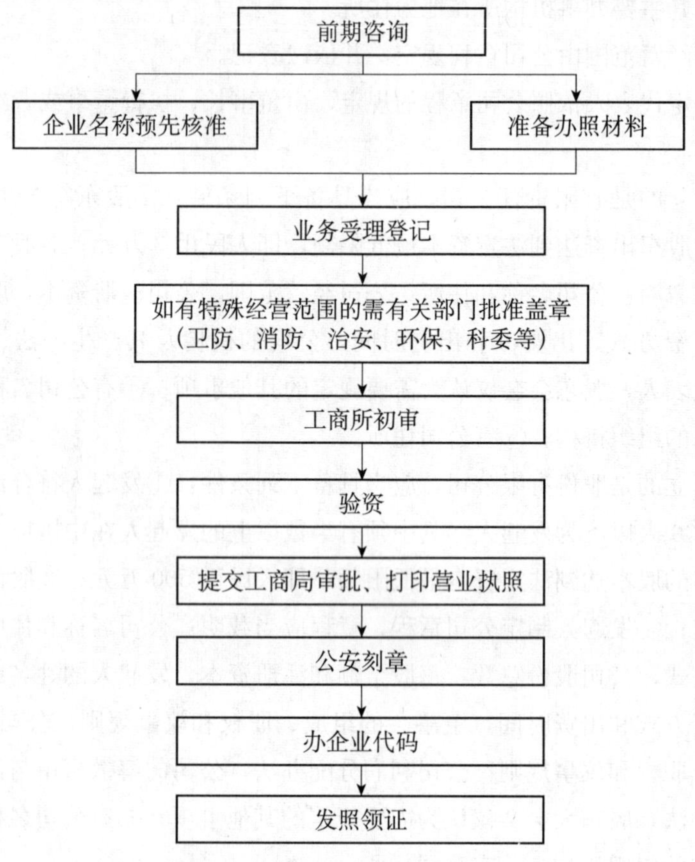

图 1—4　申办工商营业执照程序

国税税务登记证办理时需提供下述资料：

（1）新办税务登记的书面申请；

（2）营业执照副本原件及复印件；

（3）全国统一代码证原件及复印件；

（4）验资报告原件及复印件；

（5）注册资金来源证明原件及复印件；

（6）合同、章程原件及复印件；

（7）联营企业协议及各方税务登记原件及复印件；

（8）开户银行许可证原件及复印件；

（9）法人代表、财务主管、办税人员、购买发票者身份证原件及复印件；

（10）私营企业房屋租赁协议、暂住证、户口证明原件及复印件；

（11）非独立核算的企业分支机构应提供总机构税务登记证副本的原件及复印件；

（12）属于享受税收优惠政策的企业应提供相应的证明资料原件及复印件；

（13）如需办理增值税一般纳税人资格应填报增值税一般纳税人资格认定申请表。

地税税务登记证办理时需提供下述资料：

（1）税务登记表（一式三份）；

（2）营业执照副本复印件（一份）；

（3）合同、章程、协议书复印件（一份）；

（4）银行开户许可证、账号证明复印件（一份）；

（5）法人代表、财务主管、办税人员身份证或护照复印件（一份）；

（6）组织机构统一代码证复印件（一份）；

（7）经营场所房屋土地权属证明或租赁协议复印件（一份）。

此外，按照国家税务登记规定，公司必须在工商营业执照打印之日起，30 天内申请办理税务登记证件。

4．办理开户行许可证

办理开户行许可证一般需提供下列资料：

（1）营业执照正本；

（2）单位公章、财务专用章、法人及财务负责人名章；

（3）企业法人申请开业登记注册书；

（4）代码证书。

三、公司章程的拟定

公司章程是公司成立的重要条件之一，以有限责任公司为例，公司章程的拟定，可参照如下范本：

第一章　总则

第一条　为规范公司的行为，保障公司股东的合法权益，根据《中华人民共和国公司法》和有关法律、法规规定，结合公司的实际情况，特制定本章程。

第二条　公司名称：____________________。

第三条　公司住所：____________________。

第四条　公司由__________、__________等共同投资组建。

第五条　公司依法在××工商行政管理局登记注册，取得法人资格，公司经营期限为____年。

第六条　公司为有限责任公司，实行独立核算，自主经营，自负盈亏。股东以其出资额为限对公司承担责任，公司以其全部资产对公司的债务承担责任。

第七条　公司坚决遵守国家法律、法规及本章程规定，维护国家利益和社会公共利益，接受政府有关部门的监督。

第八条　公司宗旨：____________________。

第九条　本公司章程对公司、股东、执行董事、监事、经理均具有约束力。

第十条　本章程经全体股东讨论通过，在公司注册后生效。

第二章　公司的经营范围

第十一条　本公司的经营范围：

（以公司登记机关核定的经营范围为准。）

第三章　公司注册资本

第十二条　本公司注册资本为____万元人民币。

第四章　股东的姓名

第十三条　本公司股东为：

股东甲：____________________。

股东乙：____________________。

……

第五章　股东的权利和义务

第十四条　股东享有的权利：

1. 根据其出资份额享有表决权；

2. 有选举和被选举执行董事、监事权；

3. 查阅股东会议记录和财务会计报告权；

4. 依照法律、法规和公司章程规定分取红利；

5. 依法转让出资，优先购买公司其他股东转让的出资；

6. 优先认购公司新增的注册资本；

7. 公司终止后，依法取得公司的剩余财产。

第十五条　股东负有的义务：

1. 缴纳所认缴的出资；

2. 依其所认缴的出资额承担公司的债务；

3. 办理公司注册登记后，不得抽回出资；

4. 遵守公司章程规定。

第六章　股东的出资方式和出资额

第十六条　本公司股东出资情况如下：

股东甲：__________，以__________出资，出资额为人民币__________万元整，占注册资本的__________%；

股东乙：__________，以__________出资，出资额为人民币__________万元整，占注册资本的__________%；

……

第七章　股东转让出资的条件

第十七条　股东之间可以自由转让其出资，不需要股东会同意。

第十八条　股东向股东以外的人转让出资：

1. 需要有过半数以上并具有表决权的股东同意；

2. 不同意转让的股东应当购买转让的出资，若不购买转让的出资，视为同意转让；

3. 在同等条件下，其他股东有优先购买权。

第八章　公司的机构及其产生办法、职权、议事规则

第十九条　公司股东会由全体股东组成，股东会是公司的权力机构，依法行使下列职权：

1. 决定公司的经营方针和投资计划；
2. 选举和更换执行董事，决定有关执行董事的报酬事项；
3. 选举和更换由股东代表出任的监事，决定有关监事的报酬事项；
4. 审议批准执行董事的报告；
5. 审议批准监事的报告；
6. 审议批准公司的年度财务预算方案、决算方案；
7. 审议批准公司的利润分配方案和弥补亏损方案；
8. 对公司增加或者减少注册资本作出决议；
9. 对股东向股东以外的人转让出资作出决议；
10. 对公司兼并、分立、变更公司形式，解散和清算等事宜作出决议；
11. 修改公司章程。

第二十条　股东会议分为定期会议和临时会议，由执行董事召集和主持，执行董事因特殊原因不能履行职务时，由执行董事指定的股东召集和主持。

定期会议应当每年召开一次，当公司出现重大问题时，代表1/4以上表决权的股东可提议召开临时会议。

第二十一条　召开股东会会议，应当于会议召开15日以前通知全体股东。

股东会会议应对所议事项作出决议，决议应由代表1/2以上表决权的股东表决通过，但股东会对公司增加或者减少注册资本、分立、合并、解散或者变更公司形式、修改公司章程作出的决议，应由代表2/3以上表决权的股东表决通过。股东会应当对所议事项的决定编制会议纪要，出席会议的股东应当在会议纪要上签名。

第二十二条　公司不设董事会，设执行董事一名，由股东会选举产生。

第二十三条　执行董事对股东会负责，行使下列职权：

1. 负责召集股东会，并向股东会报告工作；
2. 执行股东会的决议；
3. 决定公司的经营计划和投资方案；
4. 制定公司的利润分配方案和弥补亏损方案；
5. 制定公司的年度财务预算方案、决算方案；
6. 制定公司增加或者减少注册资本的方案；
7. 拟定公司合并、分立、变更公司形式，解散的方案；
8. 决定公司内部管理机构的设置；
9. 聘任或者解聘公司经理、财务负责人，决定其报酬事项；
10. 制定公司的基本管理制度。

第二十四条　执行董事每届任期三年，任期届满，连选可以连任。

第二十五条　公司设经理，经股东会同意可由执行董事兼任。经理行使下列职权：

1. 主持公司的生产经营管理工作；

2. 组织实施公司年度经营计划和投资方案；

3. 拟定公司内部管理机构设置方案；

4. 拟定公司的基本管理制度；

5. 制定公司的具体规章；

6. 聘任或解聘公司副经理、财务负责人及其他有关负责管理人员。

第二十六条　公司设立监事一名，由股东会选举产生。执行董事、经理及财务负责人不得兼任监事。

第二十七条　监事任期每届三年，监事任期届满，连选可以连任。

第二十八条　监事行使以下职权：

1. 检查公司财务；

2. 对执行董事、经理执行公司职务时违反法律、法规或者公司章程的行为进行监督；

3. 当执行董事、经理的行为损害公司的利益时，要求执行董事和经理予以纠正；

4. 提议召开临时股东会。

第九章　公司的法定代表人

第二十九条　本公司的法定代表人由执行董事担任。

第三十条　本公司的法定代表人允许由非股东担任。

第十章　公司的解散事由与清算方法

第三十一条　公司有下列情况之一的，应予解散：

1. 营业期限届满；

2. 股东会决议解散；

3. 因合并和分立需要解散的；

4. 违反国家法律、行政法规，被依法责令关闭的；

5. 其他法定事由需要解散的。

第三十二条　公司依照上条第 1、2、3 项规定解散的，应在 15 日内成立清算组，清算组人选由股东会确定；依照上条 4、5 项规定解散的，由有关主管机关组织有关人员成立清算组，进行清算。

第三十三条　清算组在清算期间行使下列职权：

1. 清理公司财产，分别编制资产负债表和财产清单；

2. 通知或者公告债权人；

3. 处理与清算有关的公司未了结的业务；

4. 清缴所欠税款；

5. 清理债权、债务；

6. 处理公司清偿债务后的剩余财产；

7. 代理公司参与民事诉讼活动。

第三十四条 清算组应当自成立之日起10日内通知债权人，并于60日内在报纸上至少公告3次，债权人应当在接到通知书之日起30日内，未接到通知的自第1次公告之日起90日内，向清算组申报其债权。

债权人申报其债权，应当说明债权的有关事项，并提供证明材料，清算组应当对债权进行登记。

第三十五条 清算组在清理公司财产、编制资产负债表和财产清单后，应当制定清算方案，并报股东会或者有关主管机关确认。

公司财产能够清偿公司债务的，分别支付清算费用、职工的工资和社会保险费用，缴纳所欠税款，清偿公司债务。

公司财产按前款规定清偿后的剩余财产，公司按照股东的出资比例进行分配。

清算期间，公司不得开展新的经营活动。公司财产在未按第二款的规定清偿前，不得分配股东。

第三十六条 因公司解散而清算，清算组在清理公司财产、编制资产负债表和财产清单后，发现公司财产不足清偿债务的，应当立即向人民法院申请宣告破产。

公司经人民法院裁定宣告破产后，清算组应当将清算事务移交给人民法院。

第三十七条 公司清算结束后，清算组应当制作清算报告，报股东会或者有关主管机构确定，并报送公司登记机关，申请公司注销登记，公告公司终止。

第十一章 公司财务会计制度

第三十八条 公司按照法律、行政法规和国务院财政主管部门的规定建立本公司的财务会计制度。

第三十九条 公司应当在每一会计年度终了时制作财务会计报告并依法经审查验证。财务会计报告包括下列财务会计报表及附属明细表：

1. 资产负债表；

2. 利润表；

3. 现金流量表；

4. 财务情况说明表；

5. 利润分配表。

第四十条 公司应当在每一会计年度终了时制作财务会计报告，依法经审查验证，并在制成后15日内，报送公司全体股东。

第四十一条 公司分配当年税后利润时，应当提取利润的10%列入公司法定公积金，并提取利润的5%～10%列入公司法定的公益金，公司法定公积金累计额为公司注册资本的50%以上的，可不再提取。

第四十二条 公司法定公积金不足以弥补上一年度公司亏损的，在依照前条限定提取法定公积金和法定公益金之前，应当先用当年利润弥补亏损。

第四十三条　公司提取的法定公益金用于本公司职工的集体福利。

第四十四条　公司弥补亏损和提取公积金、法定公益金后所余利润，按照股东的出资比例分配。

第十二章　附则

第四十五条　公司提交的申请材料和证明具备真实性、合法性、有效性，如有不实而造成法律后果的，由公司承担责任。

第四十六条　本章程经股东签名、盖章，在公司注册后生效。

股东签名（盖章）

年　月　日

模块3　案例学习

案例1：阿里巴巴与“双11”

2016年11月11日零时，“双11”购物狂欢节开始。开场仅52秒交易额破10亿元，比2015年的1分12秒提前20秒；并在6分钟58秒时，交易额突破100亿元大关，同比2015年12分28秒的业绩提升了近一倍。卖家的销售额也纷纷突破历史记录。最终，“双11”当天阿里巴巴旗下各平台总交易额达到1 207亿元，同比增长32.3%。为了给“双11”造势，阿里巴巴还和浙江卫视一起在深圳大运中心体育馆举行“天猫双11狂欢夜”晚会。

资料来源：根据媒体公布的2016年“双11”促销数据资料编写。

问题：

1. 为什么“双11”这样一个与传统节日毫无关联的日子，会成就国内电子商务领域的一场盛宴？

2. 你如何看待马云所说的“新经济是新的营销模式对传统营销模式的大战，‘营销’既要追求结果也要注重过程”？

案例 2：网红时代的营销

一个开店的网红，赚得比一线明星还多！光淘宝上就有 1 000 家网红店，生意做得大的日成交额突破千万元，一年营业额高达数亿元。在芙蓉姐姐、凤姐的网红 1.0 时代之后，一个由专业网红公司打造出完整产业链的网红 2.0 时代来了！

网红开始创造平台传播的新神话，看网红吃，看网红穿。网红看房直播成了这段时间地产运用最多的营销新模式。2 个小时、50 万元团购优惠、6 000 人线上互动、1 000 人线下参与、近 3 000 多万元销量。碧桂园开启了夜间开盘+网红直播营销新模式，用最低的预算实现了最成功的夜间营销。

2016 年 6 月 22 日—23 日，碧桂园城市花园官微转发了两张“狂欢团购夜夜间开盘”海报图，简单的配文以悬念开篇。利用微信朋友圈等社交媒体的病毒式传播，迅速吸引关注，为直播卖房作强力铺垫。据统计，每次刷屏均超过 100 人同时转发。千亿房企碧桂园自带品牌效益，结合社交媒体的载体进行传播，关注度呈几何效益爆发。

活动本身做足网红神秘气氛：号召线上网红真人参与线下的看房直播，用大众的窥视心理做最大规模的传播造势。6 月 24 日，线上倒计时开始，网红宣传号召进入强攻期。利用受众的猎奇和窥探心理，在活动宣传推广方面着力于“网红”“美女直播”等关键词。在不同时段用倒计时的方式，呈现出网红各种风格的美图海报，为项目赚足眼球。

网红的主要铁粉主要为中青年，以男性白领群体为主，符合项目主要消费客群。借网红颜值话题炒作造势，扩大品牌影响，使碧桂园城市花园（资料、团购、论坛）品牌再一次引爆市场。

资料来源：《碧桂园开启夜间开盘+网红直播营销新模式》，见 http://house.21cn.com/newhouse/guangzhou/a/2016/0629/14/31219215.shtml。

> **资源**
> 微课：我们怎样做一名合格的营销人员

问题：

1. 碧桂园品牌成功的秘诀在哪里？
2. 营销中企业应如何借势？

当今市场营销发展趋势

商业化程度日益加剧的当今世界，企业之间的竞争越来越激烈，市场营销已成为企业经营管理的重要环节，越来越受到企业管理者的重视，各种营销方式层出不穷。其中，绿色营销、品牌营销、文化营销、关系营销、网络营销、整合营销等日益受到企业重视，而新媒体营销、涡轮营销、定制营销、福利营销将构成未来营销发展新趋势。

一、绿色营销

绿色营销（Green Marketing）是指企业在整个营销过程中充分体现环保意识和社会意识，向消费者提供科学、无污染、有利于节约资源使用和符合良好社会道德准则的商品和服务，并采用无污染或少污染的生产和销售方式，引导并满足消费者有利于环境保护及身心健康的需求。其主要目标是通过营销实现生态环境和社会环境的保护及改善，保护和节约自然资源，实行养护式经营，确保消费者使用产品的安全、卫生、方便，以提高人们的生活质量，优化人类的生存空间。

实施绿色营销战略，需要贯彻“5R”管理原则，即研究（Research）：重视研究企业对环境污染的对策；减少（Reduce）：减少或消除有害废弃物的排放；循环（Recycle）：对废旧物进行回收处理和再利用；再开发（Rediscover）：变普通产品为绿色产品；保护（Reserve）：积极参与社区的环保活动，树立环保意识。实施绿色营销是国际营销战略的大趋势，我国企业在这方面应该有一个清醒的认识，并积极付诸行动。企业要以绿色营销组合的观念和方式去组织生产和销售活动，采用ISO14000系列标准组织生产，并及时了解目标市场的有关绿色信息、发展动向、新技术和新方法，不断调整企业活动加以适应。

二、品牌营销

品牌营销（Brand Marketing）是指企业通过市场营销使客户形成对企业品牌和产品的认知过程。企业要想不断获得和保持竞争优势，必须利用品牌符号，把企业的形象、知名度、良好的信誉等展示给消费者，从而在消费者心目中形成对企业的产品或者服务的品牌形象。因此，品牌营销简言之，就是把企业的产品特定形象通过某种手段深刻地映入消费者的心中。

品牌营销的前提是产品要有质量上的保证，这样才能得到消费者的认可。品牌建立在新颖包装、独特设计、富有吸引力的名称等有形产品，以及无形服务的基础上。从长期竞争来看，实施品牌营销策略是企业长期发展的必要途径。

品牌营销策略包括四个：品牌个性（Brand Personality）、品牌传播（Brand Communication）、品牌销售（Brand Sales）、品牌管理（Brand Management）。

1. 品牌个性

品牌个性简称BP，包括品牌命名、包装设计、产品价格、品牌概念、品牌代言人、形象风格、品牌适用对象等。

2. 品牌传播

品牌传播简称BC，包括广告风格、传播对象、媒体策略、广告活动、公关活动、口碑形象、终端展示等。

3. 品牌销售

品牌销售简称BS，包括通路策略、人员推销、店员促销、广告促销、事件行销、优惠酬宾等。

4. 品牌管理

品牌管理简称 BM，包括队伍建设、营销制度、品牌维护、终端建设、士气激励、渠道管理、经销商管理等。

三、文化营销

文化营销（Cultural Marketing）是指企业营销人员及相关人员在企业核心价值观念的影响下，所形成的营销理念以及所塑造出的营销形象，并将之运用到具体市场运作过程中的一种营销方式。文化营销把商品作为文化的载体，通过市场交换进入消费者的意识，它在一定程度上反映了消费者对物质和精神追求的各种文化要素。文化营销既包括浅层次的构思、设计、造型、装潢、包装、商标、广告、款式，又包含对营销活动的价值评判、审美评价和道德评价。

企业实行文化营销是基于这样的理念：在产品的深处包含着一种隐性的东西——文化。企业向消费者推销的不仅仅是单一的产品，产品在满足消费者物质需求的同时还满足消费者的精神需求，给消费者以文化上的享受，满足他们高品位的消费。例如：可口可乐只是一种特制饮料，和其他汽水饮料也没有太大的差别，但它之所以能够成为全球知名品牌，并有 100 多年历史，是因为它与美国的文化有紧密的联系，可口可乐公司的每一次营销活动无不体现着美国文化，使其品牌成为美国文化的象征，因此，喝起它常常会使人有一种享受美国文化的感觉。

四、关系营销

关系营销（Relationship Marketing）就是企业与关键利益相关者建立起彼此满意的长期关系，以便赢得和维持商业业务。

关系营销中包括的关键利益相关者有：消费者、员工、营销合作伙伴（供应商、分销商）、竞争者、政府及其他社会公众等。营销者应尊重利益相关者的需求，使各个利益相关者可以各取所需，并制定出可以平衡关键利益相关者收益的政策和战略。为了与这些利益相关者形成密切的关系，就必须了解它们的能力、资源、需要、目标和欲望。

关系营销的本质特征体现在：（1）双向沟通。只有广泛的信息交流和信息共享，才可能使企业赢得各个利益相关者的支持与合作。（2）合作。只有通过合作才能实现协同，合作是“双赢”的基础。（3）双赢。关系营销旨在通过合作增加关系各方的利益，而不是通过损害其中一方或多方的利益来增加其他各方的利益。（4）亲密。关系营销不只是要实现物质利益的互惠，还必须让参与各方能从关系中获得情感的需求满足，因为关系能否得到稳定和发展，情感因素也起着重要作用。（5）控制。关系营销要求建立专门的部门，用以跟踪顾客、分销商、供应商及营销系统中其他参与者的态度，由此了解关系的动态变化，及时采取措施消除关系中的不稳定因素和不利于关系各方利益共同增长的因素。

关系营销十分注重营造顾客忠诚，认为吸引一位新顾客的成本可能是挽留一位老顾客的 5 倍。因此，企业通过向现有顾客提供种类繁多的产品，可以进一步提高顾客份额。此外，出于这一目标，企业应对其员工进行培训，以便进一步提升其销售能力。

五、网络营销

当今世界信息发达，信息网络技术被广泛运用于生产经营的各个领域，尤其是营销环节，形成网络营销（Network Marketing）。商户在互联网上创建自己的主页，在主页上开设虚拟商店，陈列其商品，顾客通过网络可以进入虚拟商店，挑选商品，下订单，支付货款；商户接到订单就送货上门。同样，通过网络顾客可以将自己的意见反馈到生产过程中，这样生产者可以根据消费者的需求和品位进行生产。一方面，提高了生产者和消费者之间的协调与合作水平；另一方面，可以降低企业产品生产的互动成本。例如：通用汽车公司旗下的别克汽车制造厂，让客户自己设计所喜欢的车型，并且可以由客户自己选择车身、车轴、发动机、轮胎、颜色及车内结构。客户通过网络可以看到自己选择的部件组装出来的汽车的样子，并可继续更换部件，直到客户满意为止。网络营销方式在现代市场条件下运用得越来越普遍。

六、整合营销

整合营销（Integrated Marketing）是欧美国家在 20 世纪 90 年代以消费者为导向的营销思想在传播领域的具体体现，倡导者是美国的唐·E．舒尔兹（Don E．Schultz）教授。这种理论主张制造商和经销商营销思想上的整合，两者共同面向市场，协调使用各种不同的传播手段，发挥不同传播工具的优势，联合向消费者开展营销活动，寻找调动消费者购买积极性的因素，达到刺激消费者购买的目的。该理论主张用 4C 取代传统的 4P。4C 的含义是：Customer（顾客的需求和期望）、Cost（顾客的费用）、Convenience（顾客购买的方便性）、Communication（顾客与企业的沟通）。运用整合营销的原则是为了控制消费者的心理转变过程，目标是使消费者对公司产品产生信任的心理感觉而购买公司的产品。这种营销有效地克服了制造商和经销商各行其是、各自为战的弊端。例如：英特尔公司非常注重其产品的经销商——电脑公司及软硬件商的密切合作，IBM、微软公司都是其合作伙伴。

唐·E. 舒尔兹（Don E. Schultz），美国西北大学教授，整合营销传播理论的开创者，被称为“整合营销传播之父”。

唐·E. 舒尔兹

七、新媒体营销

新媒体营销（New Media Marketing）是借助网络杂志、博客、社会性网络服务（SNS）、简易信息聚合（RSS）阅读器、维客（WiKi）、微博、微信等新兴媒体，进行受众广泛且深入的信息发布，将他们卷入具体的营销活动中。例如：利用博客所完成的话题讨论——请博客作者们就某一个话题展开讨论，从而扩大商业公司想要推广的主题或品牌的影响范围。

新媒体营销是基于特定产品的概念诉求与问题分析，对消费者进行针对性心理引导的一种营销模式，从本质上来说，它是企业软性渗透的商业策略在新媒体形式上的实现，通常借助媒体表达与舆论传播使消费者认同某种概念、观点和分析思路，从而达到企业品牌宣传、产品销售的目的。

新媒体营销的渠道主要包括：门户、搜索引擎、微博、SNS、博客、播客、BBS、RSS、WiKi、手机、移动设备、APP等。并且随着媒体技术的不断创新，新媒体营销的渠道还在不断创新。新媒体营销往往不是单一地通过一种渠道进行营销，而是多种渠道整合营销，甚至与传统媒介营销相结合，形成全方位立体式营销。例如：2011年1月21日，腾讯推出即时通信应用——微信，支持发送语音短信、视频、图片和文字，可以群聊。2016年，微信注册用户已超过6亿，遍布100多个国家和地区。不少大品牌也在尝试利用微信推广其产品和品牌。如招商银行利用“爱心漂流瓶”用户互动活动达到了口碑营销效果。

八、涡轮营销

涡轮营销（Turbine Marketing）又称速度营销，是指整个公司像涡轮那样不停地运转，公司将主要精力放在如何更快地为消费者提供产品或服务，争取以快制胜的一种营销方式。实施涡轮营销的企业主要在创新、生产、后勤和零售四个环节上压缩时间、提高效率。

1. 创新

在竞争激烈、产品生命周期日益缩短的今天，新产品的创新速度一旦减缓，就可能导致产品开发失败。

2. 生产

生产环节速度的提高主要依靠采用先进的生产技术。例如：丰田汽车公司过去生产一辆定制汽车需要5个星期，现在采用先进的生产技术，只需要3天就可以完成。

3. 后勤

企业可以通过有效的物流管理，如实施零库存管理、开发快速供货系统等，提高后勤保障能力，减少运作成本。例如：佐丹奴等著名的服装制造商都采用了快速反应系统，将其原料供应商、生产工厂、销售中心和零售店的信息系统联成网络。

4. 零售

在零售环节上实施涡轮营销对于食品、饮料等行业的企业尤为重要，因为能否更快地或在其他竞争对手无能为力的情况下将产品送到顾客手中（如在天气恶劣的日子里或边远的地区），成为衡量企业竞争力及能否赢得长期顾客的极其重要的因素。

九、定制营销

定制营销（Customization Marketing）是指企业在大规模生产的基础上，将每一位顾客都视为一个单独的细分市场，根据个人的特定需求来进行市场营销组合，以满足每位顾客的特定需求的一种营销方式。与以往的手工定做不同，现代定制营销是在简单的大规模生产不能满足消费者多样化、个性化需求的情况下提出来的，其最突出的特点是根据顾客的特殊要求来进行产品生产。

美国著名营销学者菲利普·科特勒将定制营销誉为21世纪市场营销最新领域之一。在全新的网络环境下，兴起了一大批像Dell、Amazon、P&G等为客户提供完全定制服务的企业。在宝洁公司的网站，顾客可以定制皮肤护理或头发护理产品以满足其特定需要。

定制营销体现了以顾客为中心的营销观念。从顾客需要出发，与每一位顾客建立良好关系，并为其开展差异性服务，实施一对一的营销，最大限度地满足用户的个性化需求，提高了企业的竞争力。美国有一家名为Software Sports Wear的服装店，店内安装了一套由摄影机和计算机组成的系统。摄影机先对每位顾客进行拍摄，然后将拍摄结果交由计算机处理，计算机可以计算出顾客的身高、胸围、腰围等数据，接着在屏幕上显示出顾客身着新衣服在正面、侧面、后面等不同角度的视觉效果。顾客可以从150多种样衣中选择自己中意的一种。通过网络，顾客选中的衣服式样的数据被传送到生产车间，几天后，顾客就可拿到成衣。

定制营销实现了以销定产，降低了成本。在大规模定制下，企业的生产运营受到顾客的需求驱动，以顾客订单为依据来安排定制产品的生产与采购，使企业库存实现最小化，降低了企业成本。可以说，定制营销既满足了顾客的个性化需求，又不会影响效率。

十、福利营销

福利营销（Welfare Marketing）是指企业出售产品或服务，将收入所得全部或部分捐献给慈善机构，以改善企业形象，提高产品知名度的一种营销方式。福利营销的最终目的是提高整个社会的福利水平，同时使企业长期利润最大化。通过福利营销，受到资助的慈善事业得到更多人的关注，可能会受到更多的资助。成功地开展福利营销，可以达到企业与社会共同进步的双赢效果。2012年，娃哈哈集团携手中国扶贫基金会开展了“筑巢行动”，为了让贫困地区孩子们尽快住上温暖的校舍，娃哈哈集团带头预捐1 000万元，并承诺每卖一瓶营养快线，就捐1分钱。为此，在营养快线的标签图案上，多了一个写着“一瓶一分，一砖一瓦，为贫寒学子筑起温暖宿舍”的标识。根据2011年下半年营养快线在国内销售近40亿瓶的数据推算，娃哈哈集团将捐赠4 000万元的善款用于支持贫困地区小学的爱心宿舍建设。

福利营销近年在美国企业界也比较流行。例如：联邦快递公司在修复自由女神像时许诺，修复期间，顾客每使用一次它的记账消费卡，它将捐献1美分给修复工程。最后，联邦快递公司捐出了170万美元用于自由女神像的修复工程，同时它的记账卡使用率上升了28%。

模块5　团队项目实战训练

1. 项目任务

分组创立模拟公司。

2. 步骤及要求

（1）明确组内分工；

（2）了解公司成立的条件；

（3）小组内讨论与分析的基础上确立模拟公司名称、注册资本及经营范围，拟定模拟公司章程；

（4）归纳总结；

（5）每个团队提交一份模拟公司章程（1 500 字以上）。

3. 过程评价

（1）小组长评价组员；

（2）组间互评；

（3）教师打分；

（4）教师对项目成果打分。

自测题

一、判断题

1. 顾客总价值是指顾客购买某一种产品或劳务时所期望获得的一组利益。（　　）

2. 企业开展营销活动的思维视角应该从产品开始，到产品卖给消费者为止。（　　）

3. 只要企业制定好营销组合策略，做好内部营销，企业的营销活动就一定能够取得很好的营销效益。（　　）

4. 通过满足需求达到顾客满意，最终实现包括利润在内的企业目标，是现代市场营销的基本精神。（　　）

5. 交换是一个过程。在这个过程中，如果双方达成了一项协议，我们就称之为发生了交易。（　　）

二、单选题

1. 20 世纪 50 年代（　　）提出了市场营销组合这一重要营销概念。

A. 菲利普·科特勒　　B. 尼尔·鲍敦

C. 西奥多·莱维特　　D. 齐尔·迪安

2. 服务是一方向另一方提供的（　　），并且不导致任何所有权的产生。

A. 有形产品　　B. 无形的任何活动或利益

C. 物质产品　　D. 实体产品

3. “好酒不怕巷子深”反映的是（　　）。

A. 生产观念　　B. 产品观念

C. 市场营销观念　　D. 推销观念

4. 执行推销观念的企业，其口号是（　　）。

A. 我们生产什么就卖什么　　B. 我们卖什么就让人们买什么

C. 市场需要什么我们就生产什么　　D. 好酒不怕巷子深

5.（　　）最容易产生“营销近视症”。

A. 产品观念　　B. 推销观念

C. 营销观念　　D. 社会营销观念

三、多选题

1. 关于社会营销观念的正确描述有（　　）。

A. 是一种现代营销观念

B. 是一种传统营销观念

C. 强调消费者、企业和社会利益的统一

D. 消费者需求是企业营销的出发点

E. 是当前最好的营销观念

2. 市场的要素有（　　）。

A. 人口　　B. 购买欲望　　C. 货币支付能力

D. 沟通能力　　E. 交换场所

3. 一般来说，企业经营理念的发展演变历程可划分为以下哪几个阶段？（　　）

A. 生产观念阶段　　B. 销售观念阶段　　C. 营销观念阶段

D. 产品观念阶段　　E. 社会营销观念阶段

4. 营销观念的核心是正确处理（　　）之间的利益关系。

A. 企业　　B. 供应商　　C. 顾客

D. 中间商　　E. 社会

5. 以企业为中心的企业经营理念包括（　　）。

A. 生产观念　　B. 销售观念　　C. 营销观念

D. 产品观念　　E. 社会营销观念

四、简答题

1. 简述销售观念和市场营销观念的主要区别。

2. 简述企业经营理念的发展历程。

项目二 分析营销环境

学习目标

了解市场营销环境的含义与特点；明确企业宏观、微观营销环境包含的各种要素，能够运用一定的方法，对企业宏观、微观营销环境进行分析；掌握“威胁-机会分析矩阵图”的绘制方法，并运用 SWOT 分析法对行业企业的优势与劣势、机会与威胁进行分析。

学习要求

1. 掌握市场营销环境的含义与特点；
2. 掌握企业微观营销环境包含的各种要素；
3. 掌握企业宏观营销环境包含的各种要素；
4. 掌握 SWOT 分析法的原理。

能力目标

1. 能够绘制“威胁-机会分析矩阵图”；
2. 能够运用 SWOT 分析法对行业企业的优势与劣势、机会与威胁进行分析。

VR系统：科技与营销

戴上耳机、紧握着操纵杆，消费者扮演一种令人发痛的病毒以试图逃脱止痛冷霜的攻击——这看上去就像一个注定失败的电脑游戏，然而沃纳·韦尔科姆消费者保健公司却成功地运用了虚拟现实系统（VR），以推销佐维拉克斯这种新的止痛冷霜。

VR系统给消费者带来的利益是显而易见的，消费者通常先尝试后购买，同时他们也希望能获得感官享受。VR系统满足了消费者的这种愿望。除提高品牌知名度外，不少企业还利用VR系统来测试人们对品牌的偏好以及其他在产品上市以前可能得到的信息。

亚特兰大的一家公司制作出一个VR软件，目的是让各公司控制非常接近现实的市场研究。一种运行于个人机的幻想购买商店系统可以让消费者通过电脑屏幕漫步于商店并检查各种商品，就好像商品货架真的在面前一样，消费者甚至可以随意移动商品。从定价到其他增加的因素以及商品的陈列等营销变量可以处理后测定。

资料来源：［美］菲利普·科特勒：《营销管理分析、计划、执行和控制（第9版）》，上海，上海人民出版社，2012。

请思考：

1. 科技发展是如何影响消费者的购买行为与企业营销策略调整的？
2. 未来人们的消费行为还将在科技发展的影响下出现什么样的变化趋势？

模块1 基本知识

一、市场营销环境的含义与特征

（一）市场营销环境的含义

市场营销环境（Marketing Environment）是指影响企业市场营销活动的各种外部因素和内部因素的总和。企业面对的诸多环境因素是复杂多变的，环境的变化既会给企业带来可以利用的市场机会，又会给企业带来一定的环境威胁。监测、把握环境诸力量的变化，善于从中发现并抓住有利于企业发展的机会，避开或减轻不利于企业发展的威胁，是企业营销决策和计划的依据和前提。

> 资源
>
> 动画：市场营销环境

企业的营销环境由微观环境（Microenvironment）和宏观环境（Macroenvironment）构成。对影响企业营销的市场环境各因素进行分析是市场营销调研的重要内容，是企业营销决策和计划的依据和前提。营销环境的分析要求具有系统性、科学性、有效性和经济性。

（二）市场营销环境的特征

市场营销环境的特征包括：

1. 客观性

市场营销环境作为一种客观存在，是不以企业的意志为转移的，有着自己的运行规律和发展趋势，对营销环境变化的主观臆断必然会导致营销决策的盲目与失误。营销管理者的任务在于适当安排营销组合，使之与客观存在的外部环境相适应。

2. 关联性

构成市场营销环境的各种因素和力量是相互联系、相互依赖的。例如：经济因素不能脱离政治因素而单独存在；同样，政治因素也要通过经济因素来体现。

3. 层次性

从空间上看，市场营销环境因素是个多层次的集合。第一层次是企业所在的地区环境，如当地的市场条件和地理位置；第二层次是整个国家的政策法规、社会经济因素，包括国情特点、全国性市场条件等；第三层次是国际环境因素。这几个层次的外界环境因素与企业发生联系的紧密程度是各不相同的。

4. 差异性

由于企业所处的地理环境、生产经营的性质、政府管理制度等方面存在差异，因此不仅表现在不同企业受不同环境的影响，而且同样一种环境对不同企业的影响也不尽相同。

5. 动态性

外界环境随着时间的推移经常处于变化之中。例如：经济的发展和人均收入的提高均会引起购买行为的变化，影响企业营销活动的内容；外部环境各种因素结合方式的不同也会影响和制约企业营销活动的内容和形式。

6. 不可控性

影响市场营销环境的因素是多方面的，也是复杂的，很多因素是企业不可控的。例如：一个国家的政治法律制度、人口增长及一些社会文化习俗等，企业不可能随意改变。

二、微观市场营销环境

微观市场营销环境是指与企业紧密相连，直接影响企业营销能力的各种参与者，包括企业本身、供应商、营销中介、顾客、竞争者以及社会公众等（见图2—1），是决定企业市场占有率的重要因素之一，是企业营销战略和策略制定的依据。

动画：微观市场营销环境

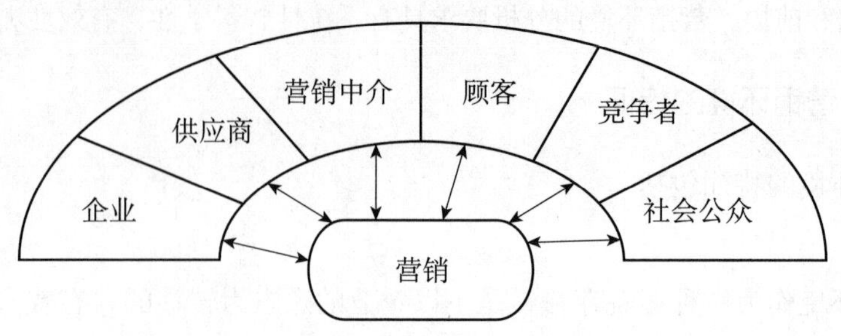

图 2—1 微观市场营销环境中的参与者

（一）企业

企业（Enterprise）在开展营销活动时需要充分考虑企业内部的各种力量和因素。如高层管理人员、财务部门、研究开发部门、采购部门、生产作业部门、质检部门、后勤部门等。企业内部各职能部门的工作及其相互之间的协调关系，直接影响企业的整个营销活动。高层管理人员设定企业使命、目标、主要战略和政策，营销经理在高层管理者所制定的战略和计划的范围内作出决定。

案例：巨人集团：危机何因

但有的时候，营销部门与企业其他部门之间也经常会发生矛盾。这是由于各部门各自的工作重点不同，如生产部门关注的是长期生产的定型产品，要求品种规格少、批量大、标准订单、较稳定的质量管理；而营销部门注重的是能适应市场变化、满足目标消费者需求的“短、平、快”产品，则要求多品种规格、少批量、个性化订单、特殊的质量管理。因此，企业在制定营销计划，开展营销活动时，必须进行有效沟通，协调和处理好各部门之间的矛盾和关系，营造良好的企业环境，更好地实现营销目标。

（二）供应商

供应商（Suppliers）是指对企业生产所需提供特定的原材料、辅助材料、设备、能源、劳务、资金等资源的供货单位。这些资源的变化直接影响企业产品的产量、质量以及利润，从而影响企业营销计划和营销目标的完成。因此，营销经理必须监视供应商提供的原材料的数量和质量以及价格。今天，大多数营销人员视供应商为创造和传递顾客价值的合作伙伴。

（三）营销中介

营销中介（Marketing Intermediary）是指为企业营销活动提供各种服务的企业或部门的总称，包括中间商、营销服务机构、物流公司、金融中介等。

1．中间商

中间商是指把产品从生产商流向消费者的中间环节或渠道，主要包括批发商和零售商两大类。中间商帮助企业找到消费者，并将产品销售给消费者；同时为消费者创造地点效用、时间效用和持有效用。一般企业都需要与中间商合作，来完成企业营销目标。如今，制造商正面临规模很大并且不断成长的中间商组织，如沃尔玛、家乐福等。这些组织通常有足够强大的力量来对制造商规定各种条件。为此，企业需要选择适合自己营销的合格中间商，必须与中间商建立良好的合作关系，必须了解和分析其经营活动，并采取一些激励性措施来推动其业务活动的开展。

资源
视频：节日市场观察：百姓消费成主力

2．营销服务机构

营销服务机构是指在企业营销活动中提供专业服务的机构，包括广告公司、广告媒介经营公司、市场调研公司、营销咨询公司、财务公司等。这些机构对企业的营销活动会产生直接的影响，它们帮助企业锁定正确的目标市场，并将产品销售到正确的市场。一些大企业或公司往往有自己的广告和市场调研部门，但大多数企业则以合同方式委托这些专业公司来办理有关事务。为此，企业需要关注、分析这些服务机构，选择最能为本企业提供有效服务的机构。

3．物流公司

物流公司是指帮助企业进行保管、储存、运输的物流机构，包括仓储公司、运输公司等。物流公司的主要任务是协助企业将产品实体运往销售目的地，完成产品空间位置的移动。到达目的地之后，还有一段待售时间，物流公司还要协助保管和储存。这些物流公司是否安全、便利、经济，直接影响企业营销效果。因此，在企业营销活动中，必须了解和研究物流公司及其业务变化动态。

4．金融中介

金融中介是指企业在营销活动中进行资金融通的机构，包括银行、信托公司、保险公司等。金融中介的主要功能是为企业营销活动提供融资及保险服务。在现代社会中，任何企业都要通过金融机构开展经营业务往来。金融机构业务活动的变化还会影响企业的营销活动。例如：银行贷款利率上升，会使企业成本增加；信贷资金来源受到限制，会使企业经营陷入困境。为此，企业应与这些公司保持良好的关系，以保证融资及信贷业务的稳定和渠道的畅通。

（四）顾客

营销环境中最重要的因素是顾客。顾客（Customer）就是企业的目标市场，是企业的服务对象，也是营销活动的出发点和归宿。企业需要对五类顾客市场进行仔细研究（见图2—2）。

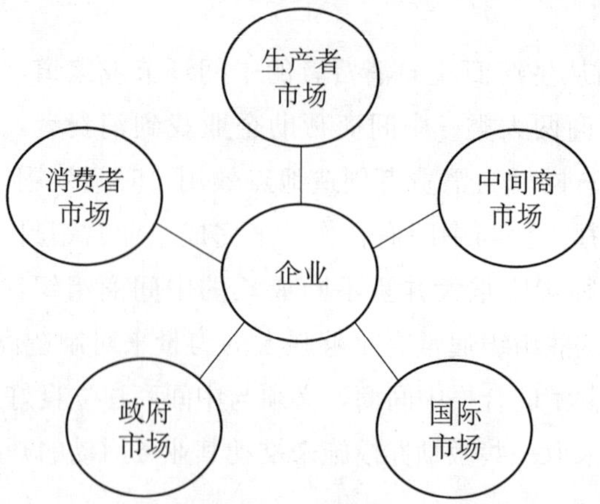

图 2—2 市场类型

（1）消费者市场（Consumer Market）。指为了满足个人或家庭消费需求购买产品或服务的个人和家庭。

资源

微课：解读消费者

（2）生产者市场（Business Market）。指为生产其他产品或服务，以赚取利润而购买产品或服务的组织。

（3）中间商市场（Reseller Market）。指购买产品或服务以转售，从中盈利的组织。

（4）政府市场（Government Market）。指购买产品或服务，以提供公共服务或把这些产品及服务转让给其他需要的人的政府机构。

（5）国际市场（International Market）。指国外购买产品或服务的个人及组织，包括外国消费者、生产商、中间商及政府。

（五）竞争者

市场营销观念认为，企业要取得成功，就必须比它的竞争者（Competitor）提供更高的顾客价值和满意。企业的营销系统总是被一群竞争者包围和影响着，企业只有识别和战胜竞争对手，才能在顾客心目中确立强有力的地位，以获取战略优势。

没有一种竞争战略是万能的。每个企业都需要考虑自身的规模以及与竞争者相比在行业的位置。在某一行业占优势地位的大企业可以采取小企业无法使用的竞争战略。而小企业也能制定可以为自身带来更高回报率的企业战略。

（六）社会公众

社会公众（Public）是指任何对企业实现其营销目标的能力具有实际或潜在影响的群体。企业面对的广大公众的态度会协助或妨碍企业正常营销活动的开展。所以企业必须处理好与主要公众的关系，争取公众的支持和偏爱，为自己营造和谐、宽松的营销环境。

我们可以识别出 7 种类型的公众：

（1）财务公众。主要包括银行、投资公司、证券公司、股东等，它们对企业的融资能力有重要的影响。

(2) 媒介公众。主要包括报纸、杂志、电台、电视台、网络等传播媒介，它们掌握传媒工具，有着广泛的社会联系，能直接影响社会舆论对企业的认识和评价。

(3) 政府公众。主要指与企业营销活动有关的各级政府机构部门，它们所制定的方针、政策，给企业营销活动带来的或是限制或是机遇。

(4) 社团公众。主要指与企业营销活动有关的非政府机构，如消费者组织、环境保护组织，以及其他群众团体。企业营销活动涉及社会各方面的利益，来自这些社团公众的意见、建议，往往对企业营销决策有着十分重要的影响。

(5) 社区公众。主要指企业所在地附近的居民和社区团体。社区是企业的邻里，企业保持与社区的良好关系，为社区的发展作一定的贡献，会受到社区居民的好评，他们的口碑能帮助企业在社会上树立良好的形象。

(6) 一般公众。指上述各种关系之外的社会公众。企业需要知道大众对自己产品和行动的态度。公众的形象会影响顾客的购买行为。

(7) 内部公众。指企业内部的管理人员及一般员工，企业的营销活动离不开内部公众的支持。企业应该处理好与广大员工的关系，调动他们开展市场营销活动的积极性和创造性。

三、宏观市场营销环境

宏观市场营销环境是指对企业营销活动造成市场营销机会和形成环境威胁的外部因素。这些因素主要包括人口环境、经济环境、自然环境、政治法律环境、科学技术环境以及社会文化环境（见图2—3）。这些主要因素是企业不可控制的变量。

资源
动画：宏观市场营销环境

资源
案例：联想集团的海外拓展

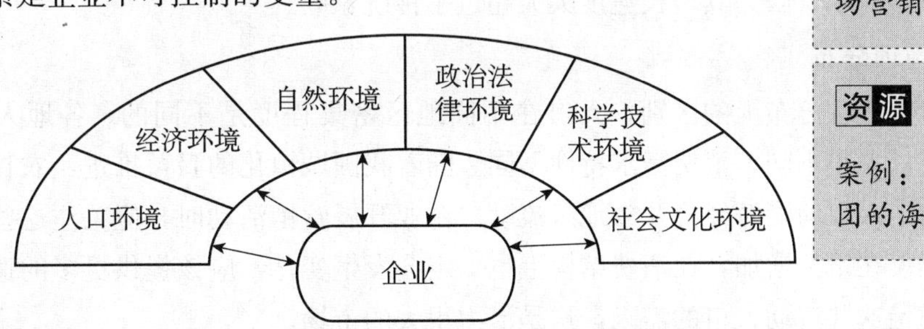

图2—3 企业宏观市场营销环境中的主要因素

(一) 人口环境

人口是构成市场的第一因素。人口环境（Population Environment）包括人口数量、密度、地点、年龄、性别、种族、职业和其他统计变量。从消费者需求角度，可对人口环境作如下分析：

1．人口总量

世界范围内的人口呈爆炸性增长。现在世界人口总量已超过了 70 亿，预计 2030 年将突破 80 亿。人口增长首先意味着民众生活必需品的需求增加，也可能意味着市场机会的增加，当然要依据购买力而定。因此，营销者应密切关注市场中的人口趋势和发展。同时应关注家庭结构的变化、地理人口变化、教育背景和人口密度等。

2．年龄结构

随着社会经济的发展、科学技术的进步、人民生活水平和医疗卫生保健事业的巨大改善，人的平均寿命大大延长，人口年龄结构呈现下述变化趋势：

资源

视频：不同年龄层消费者购车习惯调查

（1）许多国家人口老龄化加速。根据我国 2010 年第六次全国人口普查发布的主要数据，其中 60 岁及以上人口占 13.26%，65 岁及以上人口占 8.87%，老龄化进程逐步加快。随着老年人口的绝对数量和相对数量的增加，银色市场日渐扩大。

（2）出生率下降引起市场需求变化。根据人口普查的数据，十年来，我国人口增长处于低生育水平阶段。生育率的持续低水平，将给儿童食品、童装、玩具等生产经营者带来威胁，但同时也使年轻夫妇有更多的闲暇时间用于旅游、娱乐和外出就餐。

3．家庭结构

家庭是商品购买和消费的基本单位。一个国家或地区的家庭单位的多少以及家庭平均人员的多少，可以直接影响某些消费品的需求数量。传统的家庭结构包括丈夫、妻子和孩子（有时候有祖父母或外祖父母）。但现在随着家庭观念的变化，越来越多的人选择不结婚、晚婚，或者结婚不打算要孩子。而大量的女性工作促进了家政服务业的发展，同时还增加了对女性职业装、金融服务和便捷食品与服务的消费。营销者就需要更多考虑非传统家庭的特殊需求，因为其增长速度大大超过了传统家庭。

4．地理分布

人口有地理分布上的区别，人口在不同地区密集程度是不同的。各地人口的密度不同，则市场大小不同、消费需求特性不同。随着我国城镇化的日益推进，农村人口向城市流动，内地人口向沿海经济开放地区流动。企业开展营销活动时，应关注这些地区的消费需求，不仅在量上增加，在消费结构上也一定会发生变化，应该提供更多的适销对路的产品，以满足这些流动人口的需求，这是潜力很大的市场。

5．受教育程度与职业结构

人口的受教育程度与职业结构不同，对市场需求表现出不同的倾向。随着高等教育规模的扩大，人口的受教育程度普遍提高，收入水平也逐步增加。企业应关注人们对报刊、书籍、电脑这类商品的需求变化。

6．人口性别

性别差异会给人们的消费需求带来显著的差别，反映到市场上就会出现男性用品市场和女性用品市场。企业可以针对不同性别的不同需求，生产适销对路的产品，制定有效的营销策略，开发更大的市场。

（二）经济环境

经济环境（Economic Environment）是指那些影响顾客购买力和购买方式的因素。经济环境是企业营销活动的主要环境因素，它包括收入因素、消费结构、产业结构、经济增长率、货币供应量、银行利率、政府支出等因素，其中的收入因素、消费结构对企业营销活动影响较大。

1．收入因素

收入因素是构成市场的重要因素，因为市场规模的大小归根结底取决于消费者的购买力大小，而消费者的购买力取决于他们收入的多少。企业必须从市场营销的角度来研究消费者收入，通常从以下四个方面进行研究：

（1）国民生产总值。它是衡量一个国家经济实力与购买力的重要指标。国民生产总值增长越快，民众对商品的需求和购买力就越大，反之，就越小。

（2）人均收入。这是用国民收入总量除以总人口的比值。这个指标大体反映了一个国家人民生活水平的高低，也在一定程度上决定了商品需求的构成。一般来说，人均收入增长，对商品的需求和购买力就大，反之就小。

（3）个人可支配收入。指在个人收入中扣除消费者个人缴纳的各种税款和交给政府的非商业性开支后剩余的部分，可用于消费或储蓄的那部分个人收入，它构成实际购买力。个人可支配收入是影响消费者购买生活必需品的决定性因素。

（4）个人可任意支配收入。指在个人可支配收入中减去消费者用于购买生活必需品的费用支出（如房租、水电、食物、衣着等项开支）后剩余的部分。这部分收入是消费需求变化中最活跃的因素，也是企业开展营销活动时所要考虑的主要对象。这部分收入一般用于购买高档耐用消费品、娱乐、教育、旅游等。

2．消费结构

消费结构是在一定的社会经济条件下，人们（包括各种不同类型的消费者和社会集团）在消费过程中所消费的各种不同类型的消费资料（包括劳务）的比例关系。德国统计学家恩斯特·恩格尔于1857年发现了消费者收入变化与支出模式，即消费结构变化之间的规律性。

恩格尔所揭示的这种消费结构的变化通常用恩格尔系数（Engel Coefficient）来表示，即：恩格尔系数＝食品支出金额/家庭消费支出总金额。恩格尔系数越小，食品支出所占比重越小，表明生活富裕，生活质量高；恩格尔系数越大，食品支出所占比重越大，表明生活贫困，生活质量低。恩格尔系数是衡量一个国家、地区、城市、家庭生活水平高低的重要参数。企业从恩格尔系数可以了解目前市场的消费水平，也可以推测出今后消费变化的趋势及对企业营销活动的影响。

（三）自然环境

自然环境（Natural Environment）是指自然界提供给人类各种形式的物质资料，如阳光、空气、水、森林、土地等。随着人类社会进步和科学技术发展，世界各国都加速了工业化进程，这一方面创造了丰富的物质财富，满足了人们日益增长的需求；另一方面导致了资源短缺、环境污染等问题。世界各国也日益关注经济发展对自然环境的影响，成立了许多环境保护组织，促使各国政府加强环境保护的立法。这些问题都对企业营销形成挑战。对营销管理者来说，应该关注自然环境变化的趋势，并从中分析企业营销的机会和威胁，制定相应的对策。

当前，自然环境出现了下列趋势：

1. 原材料日益匮乏

空气和水看起来像是不可穷尽的资源，但空气污染已成为世界性问题，而水短缺也成为亚洲和世界部分地区的大问题。预计到 2030 年，全球将有超过 1/3 的人口没有足够的饮用水。不可再生资源，如石油、煤和各种矿石的匮乏，对那些以这些材料作为原材料进行生产的企业来说，将面临很大的成本上升问题。

2. 污染增加

工业的发展几乎总是会损害自然环境的质量。化学物品和核物品的不合理使用对海洋造成了污染；土壤和食物供给受到化学污染；一些不可降解的包装废弃物也对环境造成污染。

3. 政府在自然资源管理上的干预加强

虽然不同国家为了营造一个可持续发展的自然环境，所采取的努力有所不同，但目标几乎一致。许多国家掀起了关注环境的绿色运动，一些企业使用更加生态安全的产品、可回收或生物降解的包装，从而更好地控制污染，以高效利用能源的生产方式满足消费者需求。

（四）政治法律环境

政治法律环境（Political and Legal Environment）是指国家或地方政府所颁布的各项法规、法令、条例和政策等，它是企业营销活动的准则，企业只有依据法律和政策进行各种营销活动，才能受到国家法律和政策的有效保护。近年来，为适应经济体制改革和对外开放的需要，我国陆续制定和颁布了一系列法律法规，如《产品质量法》《企业法》《经济合同法》《涉外经济合同法》《商标法》《专利法》《广告法》《食品卫生法》《环境保护法》《反不正当竞争法》《消费者权益保护法》《进出口商品检验法实施条例》等。企业的营销管理者只有熟知有关的法律条文，才能保证企业经营的合法性，运用法律武器来保护企业与消费者的合法权益。而对那些从事国际营销活动的企业来说，不仅要遵守本国的法律制度，还要了解和遵守国外的法律制度和有关的国际法规、惯例和准则。例如：欧洲国家规定禁止销售不带安全保护装置的打火机，无疑限制了中国低价打火机的出口市场；日本政府曾规定，任何外国公司进入日本市场，必须找一个日本公司与之合伙，以此来限制外国资本的进入。只有了解、掌握了这些国家的有关贸易政策，才能制定有效的营销对策，在国际营销中争取主动。

（五）科学技术环境

科学技术是社会生产力中最活跃的因素，科学技术环境（Technological Environment）影响着人类社会的历史进程和社会生活的方方面面，对企业营销活动的影响更是显而易见。现代科学技术突飞猛进，如笔记本电脑、网络、信用卡等运用新技术的产品不断涌现，科技发展对企业营销活动的影响突出表现在以下几个方面：

1．科技发展促进社会经济结构调整

每一种新技术的发现、推广都会给有些企业带来新的市场机会，导致新行业的出现。同时，也会给某些行业、企业造成威胁，使这些行业、企业受到冲击甚至被淘汰。例如：电脑的运用代替了传统的打字机，复印机的发明排挤了复写纸，数码相机的出现夺走胶卷的大部分市场等。

> **资源**
> 视频：大数据看产业：电子商务——传统产业“触电”发力

2．科技发展促使消费者购买行为改变

随着多媒体和网络技术的发展，出现了电视购物、网上购物等新型购买方式。人们还可以在家中通过网络系统订购车票、飞机票、戏票和球票。工商企业也可以利用这种系统进行广告宣传、营销调研和推销商品。随着新技术革命的开展，“在家便捷购买、享受服务”的方式还会继续发展。

> **资源**
> 案例：雷利自行车：衰落的原因

3．科技发展影响企业营销组合策略

科技发展使新产品不断涌现，产品寿命周期明显缩短，要求企业关注新产品的开发，加速产品的更新换代。科技发展降低了产品成本，使产品价格下降，要求企业快速掌握价格信息，及时做好价格调整工作。科技发展促进流通方式的现代化，要求企业采用顾客自我服务和各种直销方式。科技发展带来广告媒体的多样化、信息传播的快速化、市场范围的广阔性、促销方式的灵活性。为此，要求企业不断分析科技发展新趋势，创新营销组合策略，适应市场营销的新变化。

> **资源**
> 动画：大数据时代下的企业营销契机

4．科技发展促进企业营销管理现代化

科技发展为企业营销管理现代化提供了必要的装备，如电脑、传真机、电子扫描装置、光纤通信等设备的广泛运用，对改善企业营销管理、实现现代化发挥了重要的作用。同时，科技发展对企业营销管理人员也提出了更高要求，促使其更新观念，掌握现代化管理理论和方法，不断提高营销管理水平。

（六）社会文化环境

社会文化环境（Social and Cultural Environment）是指在一种社会形态下已经形成的价值观念、宗教信仰、风俗习惯、道德规范等的总和。任何企业都处于一定的社会文化环境中，企业营销活动必然受到所在社会文化环境的影响和制约。为此，企业应了解和分析社会文化环境，针对不同的文化环境制定不同的营销策略，组织不同的营销活动。企业营销管理者对社会文化环境的研究一般从以下几个方面入手：

1. 受教育程度

受教育程度的高低，影响消费者对商品功能、款式、包装和服务要求的差异性。一般而言，文化教育水平高的国家或地区的消费者要求商品包装典雅华贵，对附加功能也有一定的要求。因此，企业开展的市场开发、产品定价和促销等活动都要考虑到消费者所受教育程度的高低，采取不同的策略。

2. 宗教信仰

宗教是构成社会文化的重要因素，宗教对人们消费需求和购买行为的影响很大。不同的宗教有自己独特的对节日礼仪、商品使用的要求和禁忌。某些宗教组织甚至在教徒购买决策中有决定性的影响。为此，企业可以把影响大的宗教组织作为自己的重要公共关系对象，在营销活动中也要注意到不同的宗教信仰，以避免由于矛盾和冲突给企业营销活动带来的损失。

3. 价值观念

价值观念是指人们对社会生活中各种事物的态度和看法。不同文化背景下，人们的价值观念往往有着很大的差异，消费者对商品的色彩、标识、式样以及促销方式都有自己褒贬不一的意见和态度。企业开展营销活动时，必须根据消费者不同的价值观念设计产品，提供服务。

4. 消费习俗

消费习俗是指人们在长期经济与社会活动中所形成的一种消费方式与习惯。不同的消费习俗具有不同的商品要求。研究消费习俗，不仅有利于组织好消费用品的生产与销售，而且有利于正确、主动地引导健康的消费。了解目标市场消费者的禁忌、习惯、避讳等是企业进行市场营销的重要前提。

模块2 操作指导

一、“威胁-机会分析矩阵图”的绘制

市场营销环境的变化对企业可能产生的影响主要有两种：一是环境的变化导致企业新的市场机会的出现；二是环境的变化可能对企业造成新的环境威胁，从而影响企业的营销活动。

（一）绘制威胁分析矩阵图

环境威胁是指环境中不利于企业营销因素的发展趋势，对企业形成挑战，对企业的市场地位构成威胁。这种挑战可能来自国际经济形势的变化。例如：2008 年全球金融危机爆发，给世界多数国家的经济和贸易带来负面影响。挑战也可能来自社会文化环境的变化。例如：某些国家实施“绿色壁垒”，对某些生产不完全符合环保要求产品的企业，无疑也是一种严峻的挑战。

1．确定矩阵图纵横坐标

对环境威胁的分析，一般着眼于两个方面：一是分析威胁的严重性，即影响程度；二是分析威胁出现的可能性，即出现概率。因此，可以影响程度与出现概率作为矩阵图的纵横坐标。

2．梳理、分析各种环境威胁

将企业所面临的各种环境威胁按影响程度大小和出现概率高低，填入矩阵图内四个方框中的一个，如图 2—4 所示。

图 2—4　威胁分析矩阵图

在图 2—4 中，企业面临着 8 种内外部环境威胁，其中，处于 1、2 位置的威胁出现的概率高，影响程度大，必须特别重视；处于 8 位置的威胁出现的概率低，影响程度小，企业可以不必过于担心；处于 3、4 位置的威胁出现的概率虽低，但影响程度大，企业必须密切监视其出现与发展；处于 5、6、7 位置的威胁虽然影响程度小，但出现的概率却很高，企业必须充分重视。

（二）绘制机会分析矩阵图

市场机会是指对企业营销活动富有吸引力的领域，在这些领域，企业拥有竞争优势。环境机会对不同企业有不同的影响力，企业在每一特定的市场机会中成功的概率，取决于其业务实力是否与该行业所需要的成功条件相符，如企业是否具备实现营销目标所需要的资源。市场机会实质上也是“未满足的需求”。伴随着需求的变化和产品生命周期的演变，会不断出现新的市场机会。

1．确定矩阵图纵横坐标

机会分析主要考虑其潜在的吸引力（盈利性）大小和成功可能性（企业优势）大小。因此，可以潜在吸引力大小与成功可能性大小分别作为纵横坐标。

2. 梳理、分析各种市场机会

将企业所面临的各种市场机会按潜在吸引力大小和成功可能性大小，填入矩阵图内四个方框中的一个，如图 2—5 所示。

潜在吸引力 \ 成功可能性	大	小
大	1 8	5 6
小	4	2 3 7

图 2—5 机会分析矩阵图

在图 2—5 中，企业面临着 8 种机会，处于 1、8 位置的机会，潜在吸引力和成功可能性都很大，企业应及时把握机会；处于 2、3、7 位置的机会，不仅潜在吸引力小，而且成功可能性也很小，企业应谨慎开展营销活动；处于 5、6 位置的机会，虽然潜在吸引力较大，但成功可能性却很小；处于 4 位置的机会，虽然成功可能性大，但潜在吸引力却较小。

（三）绘制威胁—机会分析矩阵图

将机会水平和威胁水平分别构成矩阵的纵横轴，可能出现 4 种不同的结果，可以分析、评价营销环境，如图 2—6 所示。

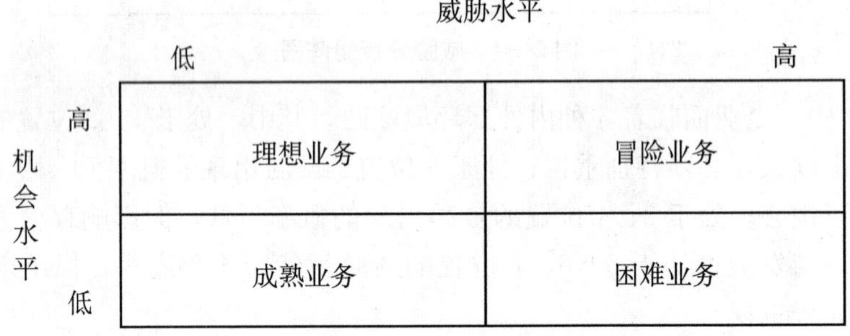

图 2—6 威胁—机会分析矩阵图

1. 理想业务

理想业务是指那些市场机会大、环境威胁小的业务。对于理想业务，企业应看到机会难得，甚至转瞬即逝，必须抓住机遇，迅速行动，否则，丧失有利时机，将后悔莫及。

2. 冒险业务

冒险业务是指那些市场机会水平和环境威胁水平均很高的业务。对于冒险业务，企业面对高利润与高风险，既不宜盲目冒进，也不应迟疑不决，坐失良机，应全面分析自身的优势与劣势，扬长避短，创造条件，争取突破性的发展。

3．成熟业务

成熟业务是指那些市场机会水平和环境威胁水平均较低的业务。对于成熟业务，企业可作为常规业务，用以维持企业的正常运转，并为开展理想业务和冒险业务准备必要的条件。

4．困难业务

困难业务是指那些市场机会水平低、环境威胁水平却很高的业务。对于困难业务，企业或者努力改变环境，走出困境或减轻威胁，或者立即转移，摆脱无法扭转的困境。

二、SWOT 分析的步骤

SWOT 分析是企业营销环境分析中常用的一种优劣势比较与分析方法，它是通过对企业内部环境中的优势（Strengths）与劣势（Weaknesses）、企业外部环境中的机会（Opportunities）与威胁（Threats）的比较与分析来扬长避短，寻找最佳营销决策。

（一）分析企业内部环境中的优势

根据企业自身的既定内在条件进行分析，找出企业的优势。企业可以从下述几方面进行分析，寻找优势（S）：

（1）本企业擅长什么？

（2）本企业有什么新技术？

（3）本企业能做什么其他企业做不到的事情？

（4）本企业和别的企业相比有什么不同的特色？

（5）顾客为什么会购买本企业的产品？

（6）本企业最近因何成功？

（二）分析企业内部环境中的劣势

分析企业在其发展中自身存在的消极因素。企业可以从下述几方面进行分析，寻找劣势（W）：

（1）本企业没有能力做什么？

（2）本企业缺乏什么技术？

（3）别的企业有什么比本企业好？

（4）本企业不能够满足何种顾客的需求？

（5）本企业最近因何失败？

（三）分析企业外部环境中的机会

分析外部环境中直接影响企业发展的有利因素。企业可以从下述几方面进行分析，寻找机会（O）：

（1）市场中有什么适合本企业的机会？

（2）可以从市场中学到什么技术？

（3）市场可以为企业提供什么新的技术/服务？

（4）市场中出现了什么新的顾客？

（5）怎样可以与众不同？

（四）分析企业外部环境中的威胁

分析外部环境中直接影响企业发展的不利因素。企业可以从下述几方面进行分析，寻找威胁（T）：

（1）市场最近有什么改变？

（2）竞争者最近在做什么？

（3）企业是否无法适应顾客需求的改变？

（4）政治、经济环境改变是否会影响企业的发展？

（5）是否有什么事可能会威胁企业的生存？

（五）绘制 SWOT 分析矩阵图

将外部机会与威胁以及企业内部优势与劣势进行匹配，并用 SWOT 分析矩阵图（见图 2—7）来表示，使企业形成可行的战略。

	内部优势（Strengths）	内部劣势（Weaknesses）
优势与劣势	设计良好的战略 强大的产品线 广阔的市场覆盖面 优秀的营销技巧 品牌知名度高 研发能力与领导水平高 信息处理能力强 ……	不良的战略 过时、过窄的产品线 糟糕的营销计划 缺乏品牌知名度与信誉 研发能力落后 领导管理水平不高 反应能力滞后 ……
	外部机会（Opportunities）	外部威胁（Threats）
机会与威胁	经济形势好转与居民收入增加 国内外市场竞争并不激烈 发现快速增长的新市场 新的技术革命有利于提高生产效率 新的人口政策导致新生儿出生比率提高 新市场进入壁垒低 没有新产品或替代品 ……	经济形势与居民收入的下滑 国内外市场竞争加剧 没有新市场出现 新的技术革命导致产品更新换代 环境保护政策执行力度加强 新市场进入壁垒高 新产品或替代品的出现 ……

图 2—7 SWOT 分析矩阵图

课堂活动：用 SWOT 分析法分析企业的优势与劣势、机会与威胁

背景资料：根据项目一课堂活动中选定的企业，收集该企业的经营管理资料，用 SWOT 分析法分析该企业的内部优势与劣势、外部机会与威胁。

分析执行：首先，团队成员讨论收集到的背景企业的经营管理资料。然后，从这些资料中进行梳理与分析：一是该企业的内部优势与劣势，可重点从营销战略、产品线、市场覆盖面、营销技巧、品牌知名度、研发能力与领导水平、信息处理能力等方面加以分析；二是外部机会与威胁，可重点从经济形势与居民收入、国内外市场竞争状况、是否存在快速增长的新市场、是否存在新的技术革命、全球政治状况及人口与环境保护等相关政策、新市场进入壁垒、是否出现新产品或替代品等方面加以分析。最后，绘制 SWOT 分析矩阵图（见图 2—8）。

活动记录：

	内部优势（Strengths）	内部劣势（Weaknesses）
优势与劣势	营销战略： 产品线： 市场覆盖面： 营销技巧： 品牌知名度： 研发能力与领导水平： 信息处理能力： ……	营销战略： 产品线： 市场覆盖面： 营销技巧： 品牌知名度： 研发能力与领导水平： 信息处理能力： ……
	外部机会（Opportunities）	外部威胁（Threats）
机会与威胁	经济形势与居民收入： 国内外市场竞争状况： 是否存在快速增长的新市场： 是否存在新的技术革命： 全球政治状况及人口与环境保护等相关政策： 新市场进入壁垒： 是否出现新产品或替代品： ……	经济形势与居民收入： 国内外市场竞争状况： 是否存在快速增长的新市场： 是否存在新的技术革命： 全球政治状况及人口与环境保护等相关政策： 新市场进入壁垒： 是否出现新产品或替代品： ……

图 2—8 ××企业 SWOT 分析矩阵图

模块 3 案例学习

案例 1：洋快餐风光不再

如果谈到中国数十亿美元的快餐行业，百胜全球餐饮与麦当劳绝对是老大，2015 年

两者合计占据了38%的市场。百胜旗下肯德基与拥有金色双拱门标志的麦当劳，一直享受着中国消费者追求美国式生活方式而激发的一轮超快成长。

而如今，这两家餐饮业巨头却打算分拆它们的中国业务。据悉，百胜全球餐饮集团计划于 2016 年年底前将中国业务分拆上市，对其拟转让的中国业务 20%股权给出了 20 亿美元的估值，而麦当劳中国宣布，将在其亚洲主要市场引进战略投资者，以充分释放市场的发展潜能，并进一步推进该公司的未来发展。

基于油炸的西式快餐正在被越来越多的追求健康的年轻消费者说“不”，百胜以及麦当劳两大西式快餐巨头正逐渐走下“神坛”，不仅频繁受到食品安全事件以及禽流感影响，还受到中国乃至全球健康饮食趋势的影响。尽管肯德基、麦当劳也在尝试推出更加健康的菜品来迎合健康趋势的发展，但是，随着消费者日益青睐更健康的快餐以及火锅、汤包等中式餐饮，曾经帮助创建中国快餐业的这两家公司在业内占据的绝对优势已开始下滑。

资料来源：根据搜狐新闻网（news. sohu. com）相关报道编写。

问题：

1. 洋快餐风光不再说明了哪些环境因素对市场营销活动具有重要的影响？

2. 洋快餐曾经的辉煌是中国消费者对西方文化追求的一种物质体现，在文化营销中，中国企业可以从中得到怎样的启示？

案例 2：从“明星直播”看移动互联网营销

从互联网到移动互联网，消费者的变化可以描述为从“上线”到“永远在线”，这就是移动互联网的本质。移动互联网时代是去中心化的、内容高度分散的时代，优质的、有价值的内容素材逐渐泛滥，已经不足以吸引大众，内容为王的早期互联网时代已经过去了。

而要问 2016 年上半年互联网营销界什么最火，想必除了 papi 酱就是大名鼎鼎的“直播平台”。“直播平台”以压倒性优势迅速升级成为创投圈第一热词，一夜之间几乎所有的社交、电商、媒体 APP 们都开设了直播平台。当直播这门“生意”愈发火热时，就连明星们也坐不住了。率先加入直播大军的是因《奔跑吧兄弟》走红的杨颖。今年 1 月，杨颖选择在户外进行网络视频直播的首秀，先是在保姆车里跟网友打招呼，又现场唱了几首歌，随后下车参加“抱财神”活动。当日该平台的直播间热度竟然最高达到 55 万。

随着移动互联网、微信、微博的兴起，人们已经不满足于单单做被动的接受者了。人们的自主意识觉醒，个性化表达需求空前强烈；人们不愿隐藏，乐于主动表达；人们不愿说教，乐于在娱乐解构中思考生活。

资料来源：http：//blog. sina. com. cn/u/1623531751.

问题：

1. 我们的企业该如何面对“移动互联网时代的商业与营销新变革”？

2. 面对庞大的智能手机用户群体，企业在移动互联网时代存在什么样的营销机会和模式？

企业战略规划

企业战略规划（Strategic Plan）是指企业依据外部环境和自身条件的状况及其变化来制定和实施战略，并根据对实施过程与结果的评价和反馈来调整、制定新战略的过程。一个完整的战略规划必须是可执行的，它包括两项基本内容：企业发展方向和企业资源配置策略。

企业通常可以通过下述步骤来确定战略规划：

一、确定企业的竞争地位

因为不同的竞争地位需要不同的竞争战略，企业在不同发展时期的竞争战略也是不同的。只有认清了自己的市场地位，才能制定出有效的竞争战略。迈克尔·波特的《竞争战略》一书中根据企业在行业中的份额，将企业分为市场领导者、市场挑战者、市场追随者或市场补缺者四类。

1. 市场领导者

市场领导者在整个市场中占有最大的市场份额，在价格变化、新产品开发、销售渠道、分销渠道建设、促销战略等方面对行业内其他公司起着领导作用，如国内的联想电脑、海尔，国外的通用汽车、英特尔、苹果、沃尔玛等。

2. 市场挑战者

市场挑战者在行业中占据第二或是以后位次，有能力对市场领导者和其他竞争者采取攻击行动，希望取得市场领导者地位。

3. 市场追随者

市场追随者在产品、技术、渠道、促销等方面模仿市场领导者，他们观察市场领导者的新产品借以节约在产品市场开发、信息收集等方面的经费，以减小支出和市场风险。根据其追随程度可分为紧密追随、有距离追随和有选择追随。

4. 市场补缺者

市场补缺者是指专门为市场规模较小、不被大公司感兴趣的细分市场提供产品和服务的公司，由于其专一性，也能获得较高的利润，形成一定的规模。

二、准确界定竞争对手

企业战略规划的目的不是模仿市场领先者，而是要准确定位，建立自己的竞争优势。而定位的前提就是必须界定竞争对手。找不到竞争对手就不可能准确定位，没有准确的定位，就不可能有鲜明、有效的战略。

三、根据企业所处的竞争地位选择战略形式

企业要根据自己的市场地位、竞争对手，选择竞争战略，有效整合企业资源，形成战略配置。

1. 市场领导者战略

（1）发现和扩大市场需求量。即增加总体产品需求数量。通常可以运用发现新的用户、开辟产品的新用途、增加用户的使用量等途径。

（2）保护现有市场份额。当市场领导者不准备或不具备条件组织或发起进攻时，至少也应使用防御力量，坚守重要的市场阵地。防御战略的目标是使市场领导者在某些事关企业领导地位的重大机会或威胁中采取最佳的战略决策。可以选择阵地防御、侧翼防御、先发制人防御、反攻防御、运动防御、收缩防御六种防御战略。

（3）进一步扩大现有市场份额。市场领导者实施这一战略是设法通过提高企业的市场占有率来增加收益，保持自身成长和市场主导地位。企业在确定自己是否以提高市场占有率为主要努力方向时应考虑三个因素：是否引发反垄断行为，经营成本是否提高，采取的营销策略是否准确。

2. 市场挑战者战略

（1）确定战略目标和竞争对手，包括确定战略目标、选择竞争对手和分析竞争对手。

（2）选择挑战战略，企业可选择正面进攻、侧翼进攻、包抄进攻、迂回进攻、游击进攻等方式中的一种或两种，发动挑战。

3. 市场追随者战略

企业通常会以模仿竞争对手先前的创新产品或经营模式为立足点，力求占领部分市场。市场追随者战略大多可以分为三种情况：一是紧追不舍，在多个细分市场中模仿市场领导者；二是若即若离，保持适当距离，但又在主要市场和主要产品上创新；三是选择性追随，在某些方面紧跟市场领导者，但有时又走自己的路。

4. 市场补缺者战略

市场补缺者战略是指企业为了避免在市场上与强大的竞争对手正面冲突而受其攻击，选取被大企业忽略的、需求尚未得到满足、力量薄弱的、有利益基础的小市场作为其目标市场的营销战略。中小型企业在行业市场上暂时没有能力做市场领导者和市场挑战者，可以争取在较小的市场上或者在其他更适合的市场上成为领导者。

模块 5 团队项目实战训练

1. 项目任务

对模拟公司进行 SWOT 分析。

2. 步骤及要求

（1）明确组内分工；

（2）小组内讨论与分析的基础上形成 SWOT 分析图表；

（3）归纳总结；

（4）每个团队提交一份模拟公司 SWOT 分析报告（1 500 字以上）。

3. 过程评价

（1）小组长评价组员；

（2）组间互评；

（3）教师打分；

（4）教师对项目成果打分。

自测题

一、判断题

1. 企业的市场营销环境包括宏观环境和微观环境。（　　）

2. 企业可以按自身的要求和意愿随意改变市场营销环境。（　　）

3. 宏观环境是企业可控制的因素。（　　）

4. 市场由那些想买东西并且有购买力的人构成。（　　）

5. 文化对市场营销的影响多半是通过直接的方式来进行的。（　　）

二、单选题

1. 代理中间商属于市场营销环境的（　　）因素。

A. 内部环境　　B. 竞争

C. 市场营销渠道企业　　D. 公众环境

2. 市场营销环境中（　　）被称为一种创造性的毁灭力量。

A. 新技术　　B. 自然资源

C. 社会文化　　D. 政治法律

3. 理想业务的特点是（　　）。

A. 高机会、高威胁　　B. 高机会、低威胁

C. 低机会、低威胁　　D. 低机会、高威胁

4. 协助厂商储存并把货物运送至目的地的仓储公司是（　　）。

A. 中间商　　B. 财务中介

C. 营销服务机构　　D. 实体分配公司

5. 根据职业、收入等划分的，按层次排列的具有同质性和持久性的社会群体构成了（　　）。

A. 社会公众　　B. 相关群体

C. 社会阶层　　D. 同质市场

三、多选题

1. 下列属于市场营销微观环境的是（　　）。

A. 辅助商　　B. 政府公众　　C. 人口环境

D. 消费者收入　　E. 国际市场

2. 人口环境主要包括（　　）。

A. 人口总量　　B. 人口的年龄结构　　C. 地理分布

D. 家庭组成　　E. 人口性别

3. 影响消费者支出模式的因素有（　　）。

A. 经济环境　　B. 消费者收入　　C. 社会文化环境

D. 家庭生命周期　　E. 消费者家庭所在地点

4. 以下属于宏观营销环境的有（　　）。

A. 公众　　B. 人口环境　　C. 经济环境

D. 营销渠道企业　　E. 政治法律环境

5. 营销中间商包括（　　）。

A. 中间商　　B. 物流公司　　C. 营销服务机构

D. 财务中介机构　　E. 供应商

四、简答题

1. 市场营销环境有哪些特点？

2. 微观市场营销和宏观市场营销的区别在哪里？

3. 根据面临的市场机会与环境威胁的不同，企业业务可划分为哪几种类型？企业应采取怎样的营销对策？

项目三
调研市场

学习目标

了解市场调研的概念，掌握市场调研的流程，明确市场调研常用的方法及其优缺点和适用场合。能界定营销问题和调研问题，针对某一主题设计问卷，并采用街头拦截式调研法对目标顾客进行信息资料的收集。掌握资料整理和分析的方法，并能根据所获得的调研资料进行市场分析，提出建议并撰写市场调研报告。

学习要求

1. 掌握市场调研的概念；
2. 掌握市场调研的常用方法；
3. 掌握市场调研的基本流程及街头拦截式调研法的实施；
4. 掌握调研报告撰写的基本要求。

能力目标

1. 能够针对具体项目设计问卷；
2. 能够运用一定的方法开展市场调查；
3. 能够分析调查结果并撰写市场调研报告。

新款 iPhone 能否成功依赖于 Siri 是否升级

市场研究公司 Fluent 在苹果公司全球开发者大会前发表调查报告称，Siri 升级版和发布 Siri 开发工具包将成为决定新款 iPhone 销售的关键因素。Fluent 公司的调查显示，约 42%的 iPhone 用户表示，如果 Siri 有大幅改进，他们“有可能”购买新款 iPhone。预计苹果公司将在下周的全球开发者大会上公布 Siri 升级版并发布 Siri 开发工具包。

但是，仅靠 Siri 可能无法拉动 iPhone 销售高于预期水平。调查发现，仅约 19%的 iPhone 用户“非常可能”购买新款 iPhone。Fluent 公司首席营销官乔丹·科恩表示：“总而言之，苹果公司需要重新获得一些大受欢迎的元素，积极进军汽车和电视机市场。”调查还发现，即使 Siri 开发工具包的吸引力不如亚马逊 Echo 和 Alexa，87%的 iPhone 用户仍然不会换购其他品牌手机。74%的 Android 手机用户表示在换购新机时不会换用其他平台。

在全球智能手机销售放缓和有大量中档手机可供选择的大背景下，消费者仍然钟爱 iPhone 的原因是：他们喜欢高端产品。调查显示，约 65%的受访者表示他们认为 iPhone 的高价格“物有所值”。

尽管 Fluent 公司在调查中发现消费者对苹果产品有信心，但它也证实，部分 iPhone 用户对今年发布的机型预期不高。科恩说：“许多消费者一直被‘灌输’：不要期望今年的新机型有重大升级。我们的研究表明，近半数消费者预计今年发布的 iPhone、iPad 和 Mac 升级幅度不大。”

资料来源：《Fluent：调查显示新款 iPhone 成败依赖于 Siri 语音助手》，见 http：//www.199it.com/archives/482396.html，2016-06。

请思考：

1. Fluent 公司为何要开展此次调研？
2. Fluent 公司取得了哪些调研结果？
3. 针对这样的调研结果，苹果公司应制定怎样的营销策略？

模块 1 基本知识

一、市场调研概述

（一）市场调研的定义

市场调研在营销系统中扮演着两种重要角色：首先，它是市场信息反馈过程的一部分。决策者提供关于当前营销组合有效性的信息和进行必要变革的线索。其次，它是探索新的市场机会的基本工具。市场细分调研和新产品调研都有助于决策者识别最有利可图的市场机会。

目前，比较权威的是美国市场营销协会对市场调研的定义：市场调研是一种通过信息将消费者、顾客和公众与营销者连接起来的职能。这些信息用于识别和确定营销机会和问题，产生、提炼和评估营销活动，监督营销绩效，改进人们对营销过程的理解。市场调研规定了解决问题所需的信息，设计了收集信息的方法，管理并实施收集的过程，分析结果，最后要与管理者沟通市场调研所获得的结论及其意义。

其他一些权威的国际调研专家的定义也是在此基础上的整合。例如：国际知名的市场调研专家小卡尔·麦克丹尼尔和罗杰·盖茨的定义：市场调研是指对营销决策相关数据进行计划、收集和分析，并把分析结果与管理者沟通的过程。[①]

市场调研的目的是发现并认识组织中存在的市场营销问题，为解决该营销问题提供有效的信息。因而市场调研涉及针对特定的营销问题确定调研的主题，从而系统地设计调研方案，采用合适的调研方法，针对特定的调研对象开展调研并收集资料、进行资料的审核和整理、分析及研究市场各类信息资料、报告研究结果。市场调研是在把握围绕企业、行政机关、行业公会等组织的各种宏观、微观因素的基础上对未来的预测，继而根据针对现状和展望未来的调研结果，为提供更好的商品、服务而对市场营销活动进行产品、价格、渠道、促销等一系列环节的策划。因此，市场调研是市场预测和经营决策过程中必不可少的组成部分。

（二）市场营销问题与市场调研问题

企业的市场营销活动包括对市场机会的分析、目标市场的选择、营销组合的实践和营销活动的反馈。市场调研因具有描述、诊断、预测和反馈功能而被广泛运用于企业的营销活动中。

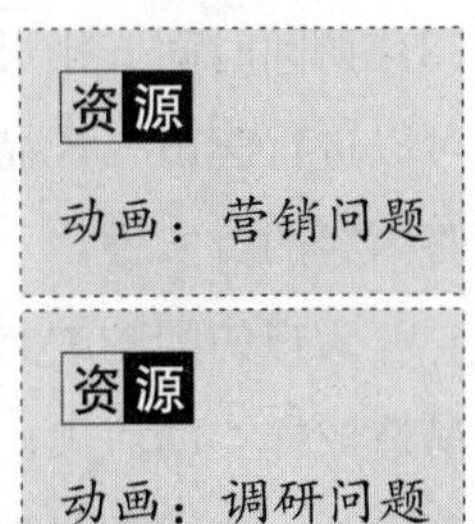

市场调研的第一步是明确问题并确定调研目标。调查者需要根据决策者所面临的营销问题“需要做什么”来定义调研问题“需要什么信息，以及如何有效获取这些信息”。因此，营销人员必须首先诊断企业中存在的营销问题，界定引起该营销问题的诸多可能因素，确定其中一个方向作为调研的主题。企业的市场营销问题和市场调研问题的关系具体如表3—1所示。

---

① 参见［美］小卡尔·麦克丹尼尔、罗杰·盖茨著：《当代市场调研（原书第8版）》，4页，李桂华等译，北京，机械工业出版社，2012。

表 3—1 企业的市场营销问题与市场调研问题的关系

市场营销问题（例）	分析内容（例）	市场调研问题（例）
如何进行市场细分	顾客分群与目标顾客的选定	消费者的购买行为、购买动机、购买意图
是否应该进入新市场	新产品测试、需求预测	用户满意度、竞争状况、市场规模
是否改变价格策略	对价格的研究（竞争产品的价格、促销费用、价格与需求的关系等）	价格需求弹性、不同价格水平对销售的影响
是否改变广告策略	对广告费与广告效果的分析	广告收视率、阅读率、现行广告的效果
如何把握产品的生命周期	需求预测、市场占有率分析	销售量、普及率等资料的收集和预测

二、市场调研常用的方法

（一）面谈访问

面谈访问一般包括三种形式：入户访问、街头拦截访问、计算机辅助个人面访。

1. 入户访问

入户访问是指调研人员到调研对象的家中或工作单位进行访问，直接与调研对象接触，然后利用访问式问卷逐个问题进行询问，并记录下对方的回答，或者将自填式问卷交给调研对象，讲明方法后，等对方填写完毕再收取问卷的调研方法。入户访问适合了解内容较多、概念复杂或适合需要进行试用的研究项目。

视频：可口可乐公司美汁源市场调研活动

入户访问的优点：（1）可以出示卡片，对于形象化和复杂概念的测试比较理想；（2）访问时间安排可以相对长些，问卷内容设置可以相对复杂，以获得更多的信息；（3）可以进行尝试、产品留置等测试；（4）可通过观察家庭环境来辅助判断调研对象背景和回答内容的真实性。

入户访问的缺点：（1）拒访率较高，抽样误差相对较大；（2）较难接近调研对象，容易造成样本的流失；（3）难以对调研人员进行现场监控，质量控制相对困难；（4）访问周期较长，成本相对较高。

2. 街头拦截访问

街头拦截访问是指在某个特定场所（如商圈、运动场、街道、医院、写字楼、电影院等）拦截目标人群进行访问的一种调研方法。分为流动访问及定点访问两种。适合对于人群特征或目标市场相对比较清晰的研究、产品或服务的渗透率较低的研究项目。通常安排在节假日，这样可以保证时间的充裕及街头的人流量。

街头拦截访问的优点：（1）可出示访问卡片，对于形象化和复杂概念的测试比较理想；（2）访问活动比较集中，利于现场的统一质量监控；（3）时间较短，执行效率高；

（4）成本相对较低。

街头拦截访问的缺点：（1）访问员会通过人为的主观判断来挑选被访者进行访问，容易流失个别人群；（2）由于商圈辐射范围特点和访问点人群层次和消费目的差异，使得受访人群较单一；（3）在访问过程中，被访者容易嫌麻烦而造成中途拒访。

3. 计算机辅助个人面访

计算机辅助个人面访（CAPI）在一些发达国家使用比较广泛。可以是入户式的，也可以是街头拦截式的。

（二）邮寄/传真调查表

邮寄/传真调查表是指公司通过直邮或传真向抽样的客户进行调研。这种调研方法的优点是调研成本低、调研区域广，调研对象有足够的时间回答问题，可用于对某些敏感和隐私问题的调研。这种调研方法的缺点是调研时间长、对调研内容要求高、回收率一般较低或迟缓而统计效果不佳。一般适用于时效性不高、调研范围较广的项目。

（三）留置问卷调研

留置问卷调研是指由调研人员将表格、问卷当面交给调研对象，并说明回答要求，让调研对象自行填写，然后由调研人员定期收回。这种调研方法的优缺点介于面谈访问和邮寄/传真调查表之间，它吸收了两者的优点，并克服了两者的缺点。一般适用于关注民意的调研。

（四）电话访问

电话访问是指在所访问城市的电话号码数据库中随机选取一定数量的电话号码，然后由访问员拨通电话，配合先进的计算机辅助软件工具，询问被访者一系列的问题，并记录答案的一种调研方法。电话访问的优点是时间短、成本低、抽样误差较小。电话访问的缺点是访问时间短、问卷内容不能过于复杂、信息量相对较少、对访问员的沟通技巧要求较高。适合问卷结构化比较强，被访者对被调查内容比较了解的研究项目。

（五）互联网访问

互联网访问是通过互联网来完成信息收集的一种调研方法。互联网访问最大的优点在于速度快、成本低，最大的缺点在于存在代表性的问题，即调研对象的总体包含大量不使用互联网的人时，调研结果会产生偏离。一般使用于针对网民开展的调研。

（六）深度访谈

深度访谈是一种无结构式、一对一的访问，以揭示对某一类问题的看法。主要适用于个案研究分析，尤其是对竞争对手研究、专业人士访谈研究，主要研究内容包括：详细探访被访者的想法、详细了解复杂行为及习惯、调查特殊产品等。

深度访谈的优点在于探讨的话题可以相对较深入，访谈的内容相对较多，能避免公开讨论敏感性的话题或可能引起尴尬的情况。深度访谈的缺点在于对高素质、高层次的人群较难成功预约，不能确定所选取的被访者是否具有典型意义，对访谈者的沟通能力要求较高。

（七）座谈会

座谈会是定性研究的一种主要形式，用于探索研究要素的基本范围并形成研究思路，在专业主持人的带领下由一组预约好的消费者（8～12 人）围绕着一个既定的话题展开讨论，从而对一些相关的问题进行深入的了解。该方法适用于需要深入地了解某一类消费人群的消费动机、决策过程、使用态度等的问题的研究。

座谈会的优点在于可获得更有深度、广度的信息；在自由、相互激励的环境下，消费者能畅所欲言；对于深层的消费动机和品牌形象的描绘，有较好的效果。座谈会的缺点在于样本量小、非随机抽样；访谈的内容相对较少；无法进行数据误差评估、数据间的相关分析及推断总体。

（八）观察法

观察法是指调研人员根据一定的研究目的、研究提纲或观察表，用自己的感官和辅助工具去直接观察调研对象，从而获得资料的一种方法。观察法一般应用于对实际行动和迹象的观察，不适应于大面积调查。

观察法的主要优点是及时、客观、真实，能收集到一些无法言表的材料。观察法的主要缺点是受时间、观察对象、调研人员本身限制，调研人员只能观察外表现象和某些物质结构，不能直接观察到事物的本质和人们的思想动机。

观察法中非常常见的是神秘顾客调查法。神秘顾客调查法较多适用于与客户面对面服务过程的质量评估。根据客户的需求及相关质量标准，精心设计操作流程，使一些关键服务环节能够有效地被检测到，再依据流程采用观察、实际接触等方式对调研对象进行测评。

一、市场调研的基本流程

市场调研的基本流程总体包括前期的准备、调研的实施和调研报告的撰写三大部分。

具体如图 3—1 所示。

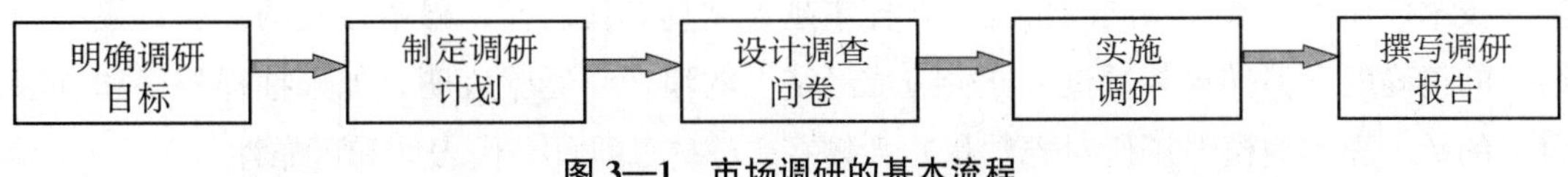

图 3—1 市场调研的基本流程

（一）明确调研目标

调研目标是设计调研方案、编制调研策划书的重要依据。确定调研目标，就是指出在营销调研中要解决哪些问题，通过调研要取得哪些资料，获取这些资料有何用途。随着营销管理问题与营销调研问题的逐步明晰，营销调研目标便可相应得到确认。例如：某企业近年来销售量大幅度下降，此时确定的调研目标可能是：发现导致企业销售量下降的原因。又如：某公司因原材料涨价导致利润降低，管理层考虑将成品提价，有关调研目标可描述为：通过对价格需求弹性的调研，确定不同价格水平对产品销售和盈利的影响，为公司制定合适的价格政策提供依据。

（二）制定调研计划

调研计划是事先对调研所做的统筹安排，也称调研策划方案。确定了调研问题和调研目标之后，研究人员便要着手设计详细的调研计划，编制市场调研策划书。计划制定的具体步骤如下：

> 资源
> 微课：调研策划方案的撰写

1. 确定资料来源

营销调研资料一般有第二手资料与第一手资料。第二手资料是经他人收集、整理，有些是已经发表过的资料；第一手资料是指自己直接经过收集整理和直接经验所得。第二手资料的来源主要有两个：一是内部资料，主要包括企业的会计账目和销售记录、以前的市场营销调研报告、企业自己拟定的专门审计报告和针对以前的管理问题所购买的调研报告等信息资料；二是外部资料，包括来自政府机构、国际组织、行业协会、专门调研机构、联合服务公司、其他大众传播媒介、商会、银行、官方和民间信息机构等的信息资料。

2. 安排调研时间和地点

调研组织者要对整个调研在时间上作周密的安排，要确定调研的总时间及阶段时间，并规定每个阶段要完成的目标或任务。调研地点是选择一个城市还是几个城市，是选择某城市的一个区还是一个街道，是选择现场调查还是网络调查，应根据具体的调查项目来确定。

3. 安排调研对象

实施调研时，应该根据调研课题要求来确定具体的调研对象，运用抽样方法确定调研对象人数。抽样计划就是根据调研的目的确定抽样单位、样本数量以及抽样方法。抽样单位即向什么人调研问题，样本数量即对多少人调研，抽样方法即采取随机抽样还是非随机抽样技术。在其他条件相同的情况下，样本越大越具有代表性，样本数量的多少直接影响结果的精确度，但样本数量过大亦会造成经济上的浪费。经验表明，如果抽样程序和方法科学的话，样本规模（调研对象数量）大体在1%左右即具有代表性和可靠性。

4．确定接触方式

抽样计划被确定后，营销调研人员必须决定采取何种接触调研对象的方法，如邮寄调查表、电话访问、人员面谈访问、在线访问。其中，人员面谈访问有安排访问和拦截访问两种形式。安排访问的对象是随机挑选的，这种形式因为花费了被访者的一些时间，而应该给予其一些报酬或奖金，以补偿对被访者的打扰。拦截访问是在商店大堂或商业街上拦截人们要求交谈，拦截访问有非随机抽样的缺点，并且交谈的时间很短。目前，在线访问越来越普及。企业可以把调查问题放在自己的官方网页上，或者把问题放在人们常去浏览的网页上，实行有奖回答。

5．拟定调研方法

当企业决定需要收集第二手资料时，可以采用资料调研方法；当企业决定需要收集第一手资料时，可以采用的调研方法主要有：访问法、观察法和实验法。一般来说，首先考虑运用资料调研法，在满足不了调研需要的情况下，再考虑运用实地调研法。每类方法适用范围不同，究竟采用哪种方法，要依据调研的目的、性质以及调研经费的多少而定。

6．选择调研工具

在收集第一手资料时，可以使用的调研工具主要有调查问卷，问卷就是根据调查目的和内容而设计的调查表。如果采用观察法或实验法，则需要设计记录观察结果的记录表、登记表，还需要考虑进行观察者、实验时使用何种设备仪器等。在设计上述各种调研工具时，应考虑到被访问者或观察者、实验者的文化水平、专业技术等方面的因素。在收集第二手资料时，可以使用的调研工具是搜索引擎。

7．安排调研人员及分工

确定调研人员主要是确定参加市场调研人员的条件和人数，包括对调研人员的必要培训。由于调研对象是社会各阶层的生产者和消费者，其思想认识、文化水平差异较大，因此，首先要求市场调研人员必须具备一定的思想水平、工作能力和业务技术水平，能正确理解调查提纲、表格、问卷内容，能比较准确地记录调研对象反映出来的实际情况和内容，能作一些简单的数字运算和初步的统计分析。其次，要求调研人员具备一定的市场学、管理学、经济学方面的知识，对调研过程中涉及的专业性概念、术语、指标应有正确理解。还要具备一定的社会经验，要有文明的举止，大方开朗的性格，善于和不同类型的人打交道，取得他们对调研工作的配合。

市场调研一般都是团队集体活动，需要多人合作才能完成工作。在调研计划制定中，根据调研课题要求及课业训练要求，既可以集体收集，也可以进行分工，但报告的撰写一定要具体分工，落实到每个小组人员，能够保证调研报告按时按质完成。

8. 进行费用预算

调研费用一般包括劳务费、问卷费、差旅费和设备使用费。在编制调研预算时，通常先把某项调研的所有活动或事件都一一列明，然后估算每项活动的费用，最后再汇总。要注意的是预算仅仅是一种估计，应有一定的灵活性，即预算金额要有一个上下差异浮动幅度。

（三）设计调查问卷

调查问卷是开展访问调查的重要工具。调查问卷是按一定项目和次序，系统记载调查内容的表格。采用调查问卷进行调查，可以使调查内容标准化和系统化，便于资料的收集和处理，而且它具有形式短小、内容简明、应用灵活等优点，在访问调查中被广泛采用。调查问卷的设计程序是否被严格遵循，关系到一张问卷的质量，进而影响调查的结论。

1. 问卷设计的具体操作步骤

（1）充分了解调查的目的，决定调查的具体内容和所需要的资料。很多企业会针对消费品市场开展调查，对消费者市场的调查项目的主要内容包括：①被调查者的信息资料：性别、年龄、职业、文化（专业）、收入（个人、家庭、生活费用）。②目标顾客有哪些？喜欢购买该产品（消费）的消费者是谁？有多少？③购买动机：了解消费者的购买动机是追求质量保证、价格便宜、安全可靠、服务周到、品牌信誉，还是新潮时尚、艺术欣赏、陶冶性情、展现荣耀、环境舒适等。④购买行为特点：购买什么，购买多少，何时购买，何地购买，采用什么购买方式，购买频率是多少，购买什么品牌。⑤获得购买信息的渠道：产品广告、商业促销、媒体宣传、熟人介绍、个人体验。

（2）逐一列出各种资料的来源。

（3）从被调查者的角度，考虑这些问题是否能得到确切的资料，哪些问题便于被调查者回答，哪些问题难以回答。

（4）按照逻辑思维排列发问次序。一般情况下，首先安排过滤性问题以识别合格的受访者，其次以受访者感兴趣的问题开始访问，先问一般性问题，将需要思考的问题放中间，将敏感的、富有挑战性和戏剧性的问题放在末尾。

（5）决定每个问题的提问方式。决定哪些采用封闭式提问法，哪些采用开放式提问法，哪些需要做解释和说明。提问过程主要遵循 4 条指导原则：①用词必须清楚；②选择用词以避免误导受访者；③考虑到受访者回答问题的能力；④考虑到受访者回答问题的意愿。如果是封闭式提问，还要设计答案，答案要设计得简洁、明了、完整。

（6）写出问题。一个问题应只涉及一项内容，同时要考虑问答时的方便和便于对调研结果进行恰当的分类。

（7）审查问题。审查提出的各个问题，消除含义不清、倾向性语言和其他疑点。考虑提出的问题，语言是否自然、温和、有礼貌和有趣味性。

（8）考虑将获得的资料是否对分析问题、解决问题有帮助。

（9）将调查问卷进行小规模的预试。

（10）修改调查问卷并正式定稿。

2. 调查问卷设计技术

（1）调查问卷的基本结构。

①开头部分：一般包括标题、问卷编号、问候语、填表说明等内容。

标题：概括性地说明调查的主题，使被调查者对所要回答的问题有一个大致的了解。

问卷编号：有些调查表需加编号，以便分类归档，或便于电子计算机处理。

资源

微课：问卷设计的基本结构

问候语：凡需要被调查者自填的问卷，一般都有问候语，便于被调查者了解调查的目的和内容，进而消除顾虑，争取他们的积极合作。

填表说明：让被调查者知道如何填写问卷。这部分内容通常包括填表的要求、调查项目的含义、调查时间、被调查者应该注意的事项、问卷返回的方式等。在自填式问卷中一定要有这部分内容。填表说明一定要详细清楚，格式位置要醒目。

②正文部分：正文部分是问卷的主体部分或核心部分。这是调查表的基本组成部分，依据调查主题设计若干问题，要求被调查者回答。

调查问卷实际上是把需要调查的内容明确化和具体化。如何确定合理的调查项目和怎样命题，是取得准确的和完善的资料的关键。例如：在服装消费需求的调查问卷中，应该把调查内容具体化成购买成衣类别、购买档次、购买区域、购买样式和对现在服装市场的态度等项目。

③附录部分：附录部分也就是背景部分，通常放在问卷的最后。在这部分可以把有关被调查者的个人信息列入，标明调查人员姓名和调查日期，也可以对某些问题附带说明，还可以再次向被调查者致谢。

掌握被调查者的基本情况是为了便于对调查资料进行归类和具体分析，有些调查的主要内容就是要了解被调查者情况。被调查者的基本情况包括：姓名、性别、家庭人口、文化程度、职业、工作单位、居住地区等项目。

（2）调查问卷的类型。

①开放式问卷。即问卷所提的问题没有事先确定答案，由被调查者自由回答。这类问卷可以真实地了解被调查者的态度与情况，但调查不易控制，五花八门的答案很难归纳统计。

②封闭式问卷。即对于问卷中的题目，调查者事先给定了可供选择的答案或范围。这些问卷虽然呆板，但便于调查、统计。在问卷调查中用的较多的是封闭式问卷，尤其在拦截式调查中一般只能运用这类问卷。

（3）调查问卷提问设计（封闭式问卷）。

①单项选择题。其答案是唯一的。优点是答案分类明确，但排斥了其他可能存在的情况。例如：

你购买方便面最重要的原因是什么？（ ）

A. 方便 B. 好吃 C. 便宜 D. 营养 E. 无替代品

②多项选择题。其答案是多项的。优点是较多地了解了被调查者的态度，但统计时比较复杂。例如：

你购买方便面的原因主要有哪些？（ ）

A. 方便 B. 好吃 C. 便宜 D. 营养 E. 无替代品

③是非题。答案简明清晰，但只适用于不需要反映态度程度的问题。例如：

你是否购买过康师傅方便面？（ ）

A. 是 B. 否

④事实性问题。这种问题便于了解被调查者的行为事实。例如：

你一周购买几次方便面？

________次

⑤李克特量表。这种问题是让被调查者在同意和不同意的态度之间内进行选择。例如：

你认为 A 品牌方便面比 B 品牌方便面更好吗？（ ）

A. 很赞成 B. 同意 C. 差不多 D. 不同意 E. 坚决不同意

⑥分等量表。这种问题是让被调查者对事物的属性从优到劣分等进行选择。例如：

你认为 A 品牌方便面的口味如何？（ ）

A. 很好 B. 好 C. 尚可 D. 差 E. 很差

3. 调查问卷设计应注意的问题

（1）围绕主题，重点突出。由于每一份调查问卷都是为了达到某一个调查目的而设计的，因此，调查问卷设计一定要围绕调研主题，突出重点，兼顾其他。

（2）问题排列须合理有序，并注意各个问题之间的逻辑性。所有项目应按其内容的逻辑关系顺势排列，问题宜设计成先易后难的顺序。关于被调查者行为的问题置前，个人看法、态度、信仰等问题置后。

（3）所提问题要客观，不要提出一些带有引导性和倾向性的问题。

（4）问题的设置应简明扼要，准确无误，浅显易懂；问题的数量不宜过多、过散；回答问题所用时间最好不超过 20 分钟。

（5）问题设计科学，便于计算机读取和进行数据处理。

（四）实施调研

实施调研即对调研所需要的信息资料进行收集。实施调研的过程主要包括招募和培训调研人员、具体实施调研、实施过程的质量评估。

1．招募和培训调研人员

一个调研项目的实施需要大量的调研人员。招聘调研人员时，主要看应聘人员是否善于与人沟通、性格是否乐观开朗、言行是否稳重、有责任心等。一般入户访问、电话访问比较适合招募女性调研员；拦截访问比较适合招募年龄较大、形象稳重的人员；针对需要较多追问技巧的调研适合招募专业人员；对小朋友的调研一般需要招募具有亲和力的年轻女性。

对调研员的培训主要包括市场营销知识、调研基础知识、调研项目的相关知识、访问技巧、记录等方面，培训的过程中可设置模拟训练。

2．具体实施调研

调研人员按调研计划实施调研，采用合适的调研方法向调研对象收集资料。实施过程中可能遇到各种意外情况，调研人员要灵活运用相关的调研技巧，尽可能收集更多有效的信息。

3．实施过程的质量评估

访问员是成功收集数据的关键因素。对访问员的管理要贯穿调研工作的始终。对访问员的质量评估包括访问过程的规范性、问卷的填写、工作记录、完成时间四个方面。

（五）撰写调研报告

将调研结果整理成报告，是市场调研的最后一步。调研报告是对整个项目的完成状况作出最终总结、分析与评价，其目的在于展示市场调研的成果，把获得的市场信息传递给决策者。如果是公共机构，报告原则上要公开；如果是企业，则多作为内部资料使用，是企业日后经营的重要参考。

1．整理调研资料

（1）整理审核调研资料。整理审核是为了发现资料的真假和误差，保证调研资料的完整和准确性，达到去伪存真的目的。主要工作是检查有否废卷和空白卷，不符合问卷调研要求的废卷和空白卷不能列为统计对象。对于存在问题的调研资料，应分不同情况进行处理。对于不完整的调研资料，如果存在大面积空白，应视为无效资料；若只是对少数问题未回答，则应设法补救。对于存在明显错误的资料，如果是完全虚假的，则应予作废；只是个别问题不实的，应设法补救，无法补救的，则将该问题作不详处理。

（2）分类编码资料。分类编码是为了使资料便于查找和利用。①分类是指根据市场调研课题的需要，将调研所得资料按照一定的标准或标志分为若干个组成部分，以便深入研究。分类必须遵守抽样原则，并且保证分类的恰当性和资料的完整性。对不符合抽样原则的资料应予以删除，以免影响整体的正确性。例如：样本规定为已婚妇女才是访问对象，结果在分类时发现，被访者是未婚女性，则该样本应予以删除。②编码是指将各种类别的市场信息资料用代码来表示的过程。代码是用来代表事务的标记，用数字、字母或特殊的符号或者它们之间的组合来表示。编码是一项重要的工作，特别是在运用计算机管理的情况下，由于计算机是通过代码来识别事物的，因此编码是必不可少的环节。

（3）统计制表。统计制表是通过统计图、表形式表示各种调研数据，反映各种信息的相关经济关系或因果关系。经过制表的资料针对性强，便于研究和分析调研对象的基本情况和调研结果，提高了资料的适用性。汇总统计的方式分为手工汇总和计算机汇总两种。如果调研资料比较少而且简单，则可以采用手工汇总方式，一般情况下采用迅速而准确的计算机汇总方式。手工汇总方式下，需要先设计统计表格，若要采用计算机汇总方式，需要对资料进行编码，并把数据录入计算机内。在个人统计数据的基础上还要进行小组统计，采用累计统计。数据统计要求准确，便于正确计算百分比的相对数据。最后，把所有统计数据填入统计图、表，问卷数据填写要求准确、规范、清楚，便于使用。具体如表3—2、图3—2所示。

表3—2　品牌购买率对比表

品牌	真维斯	班尼路	苹果	佐丹奴	佑威	其他
人数	97	66	91	77	86	83
比例（%）	19.4	13.2	18.2	15.4	17.2	16.6

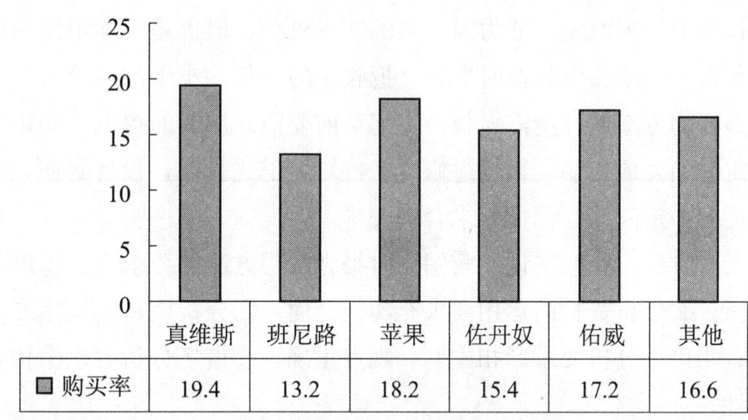

图3—2　品牌购买率对比图

分析：从统计结果来看，在对比的品牌中，真维斯的购买率最高，有一定的优势，但与其他品牌间的差距不是很明显。

2．分析调研资料

对收集的资料进行分类整理后，运用回归分析、相关分析、因素分析、判断分析、聚类分析等分析方法，对有关影响企业营销的主要因素市场、消费者、竞争者、宏观营销环境及企业自身条件等资料进行客观、全面、准确的分析。具体步骤如下：

（1）分析影响企业营销活动的主要环境因素有哪些。

（2）分析这些因素对企业的营销活动会产生什么影响。

（3）分析在这些因素中哪些是有利因素，哪些是不利因素。

（4）分析它们各自的影响程度如何，它们各自出现的概率有多大。

3．提出调研结论

营销调研的目的性很强，实施调研必须提出调研结论。调研结论就是在复杂、多变的营销环境中，分析市场机会与威胁，把握企业优势与劣势，寻找出企业营销的机会点和问题点，制定相应的对策。营销调研分析结论是调研报告最重要的部分，代表调研者对前面整体分析的总结性意见，是整个营销调研的核心部分。

4．撰写营销调研报告

营销调研最终要形成一份书面报告，营销调研报告是对影响企业营销的有关环境因素的调研结果进行客观陈述，提出调研结论的书面表现形式，是整个调研工作的文字化表现，也是调研结果被他人所知和所用的书面材料。调研报告的撰写流程如下：

（1）明确撰写任务。营销调研报告的撰写是一项综合性实践任务，一般须通过团队合作完成。要求团队中每个成员积极参与，明确自己撰写哪个部分，在规定的时间必须完成。团队成员可以使用内部共同资料、数据、图表；可以多组织讨论，群策群力，共同完成任务。

（2）做好撰写准备。营销调研报告的撰写是一种极为有益的学习机会，是在专业学习中检验所学知识并锻炼书面表达能力与技巧的宝贵机会，但也是一项艰巨的任务，为此要精心做好撰写准备。①案头资料及时准备。把收集的资料、小组的讨论、个人分析意见及时汇总起来，整合为方案设计所需材料。②起草前要拟好详细的提纲。③撰写时间合理安排。需花费一定时间完成初稿，再经过修改、校对，正式打印，设计封面，进行装订。这些撰写环节都需要一定时间，因此要求合理安排。

（3）掌握撰写方法。一般来说，营销调研报告撰写方法的要求有：①以营销环境理论为指导进行分析；②分析资料的运用要求充实、全面；③分析资料的运用要求真实，要有资料索引说明；④市场分析要求紧扣主题、观点正确；⑤市场分析要求结构合理、层次清楚、注意逻辑性。

（4）按照营销调研报告格式要求，撰写调研报告。

二、营销调研报告的基本结构、内容和撰写技巧

（一）营销调研报告的基本结构

> **资源**
> 微课：调研报告的撰写

营销调研报告的结构不是千篇一律的，但调研报告要把市场信息传递给决策者的功能或要求是相同的。尽管各家调研机构都有自己特定的调研报告结构，但不同的调研项目，调研者可能会有不同的结构和风格。企业内部调研报告和商业机构的调研报告在结构上也有区别，各类资料对调研报告的结构表述也有差异。一般营销调研报告的基本结构如下：

1．封面

(1) 封面设计原则。醒目、整洁，切忌花哨。对于字体、字号、颜色，应根据视觉效果具体考虑。

(2) 封面制作要点。①标出委托方。如果是受委托的调研报告，那么在封面上要把委托方的名称列出来，如《××公司××调研报告》。②拟定一个简明扼要的标题，准确而不累赘，使人一看就能明了。有时为了突出调研的主题或者表现调研的目的，可以加一个副标题或小标题。③写上日期。日期应以报告的正式提交日为准，要用完整的年、月、日表示，如2017年2月18日。④标明报告人。一般在封面的最下部位要标出报告人姓名。报告人是企业的话，则列出企业全称。

2．前言

前言的作用在于引起阅读者的注意和兴趣。阅读者看完前言，会产生急于看正文的强烈欲望。前言的文字不能过长，一般不要超过1页，字数可以控制在500字以内。其内容可以集中在以下几个方面。

(1) 介绍营销调研委托情况。例如：××单位接受××公司的委托，就某一市场营销状况进行具体调研。

(2) 叙述营销调研的目的。前言重点应叙述为什么要进行这次调研，即把此次调研的目的表达清楚，这样才能吸引阅读者进一步去阅读正文。

(3) 调研组织安排情况。前言最后部分可以介绍调研的概略情况，即对调研时间、调研过程、调研组织、调研撰写分工情况进行简要的说明。

(4) 调查分析结果摘要。摘要中应简要地说明本次调研和分析工作的成果和结论，以简洁明了的方式为企业的有关经营主管或决策者提供信息，从而促使其在经营决策中采取相应的措施。

3．目录

目录中所标的页数不能和实际的页数有出入，否则会增加阅读者的麻烦，同时也有损调研报告的形象。尽管目录位于调研报告的前列，但实际的操作往往是等调研报告全部完成后，再根据调研报告的内容与页数来编写目录。

4．正文

正文部分是调研报告的主体，是调研报告中篇幅最长、内容最多的部分。包括调研方法与步骤的阐述、样本分布的情况、调研表内容的统计、对调研结果的描述和分析、结论及建议等。在撰写这部分内容时，必须注意所写报告内容的充实性、真实性、次序性。

(1) 基本背景。基本背景旨在使阅读者对报告有所了解。它应该包括对调研报告一般目的和特定目的的陈述，以及给出调研原因的必要背景信息，如当前市场的总体情况、经济发展状况及趋势、市场景气状况等，给报告的阅读者一个基本背景印象。

(2) 调研方法和分析方法。说明在调研和分析过程中所使用的方法以及作出这种选择的理由，描述是怎样进行调研的，对象是谁（或什么），以及采用何种方法达到目的。此外，还有必要交代使用这些方法存在的缺陷等。如果使用了第二手信息，需要注明来源。

调研方法部分通常情况下无须太长，但它应该提供必要的信息，使阅读者了解数据是怎样收集的和结论是怎样得出的。具体内容可以包括选择何种调研方法、如何确定样本、采用何种方法方式收集问卷资料、资料的汇总和分析的方法和进度等。

(3) 调研结果。结果部分是调研报告的主要内容，集中了调研中所获得的几乎所有资料和数据及相应的分析，既是原始资料又是分析。它从逻辑上表述了调研的最终发现，应该围绕调研目的进行组织。结果应以陈述形式进行表述，并配以表格、图形和其他适当的可视图，以进一步支持和加强对结果的解释。

(4) 结论与建议。结论是以调研结果为基础得出的结果或决策，是对以上分析的进一步总结。建议是以结论为基础关于怎样推进工作的提议。建议不像结论，不仅仅局限于从调研项目中获取的信息，还可包括对企业、产业等情况的建议，因此，调研者应慎重地提出建议。

(5) 调研及分析工作的总结。即总结本次调研与分析工作，成功在哪些方面，有哪些经验可以积累；不足在哪些方面、哪些阶段，是设计上的不足，还是操作上的不当，操作中以后再碰到此类问题应如何解决；本次调研分析结论的信度和效度如何等等。主要是总结整个调研与分析过程中的得与失。这一部分使阅读者和使用者能充分了解此报告的价值（包括优势和劣势），从而更合理地利用该市场研究成果。

5. 附录

附录的作用在于提供调研客观性的证明，其中包括阅读者进一步研读所需要的，但对报告数据并非必要的附加信息。因此，凡是有助于阅读者对调研内容的理解、信任的资料都可以考虑列入附录。但是，可列可不列的资料还是不列为宜，这样可以更加突出重点。附录的另一种形式是提供所有与研究结果有关，但不宜放在正文中的资料，如图表、附件、调研表、调研对象的名单、参考资料的索引和出处、特殊调研方法或分析方法的介绍、备注说明等。作为附录也要标明顺序，以便查找。

（二）营销调研报告的内容

营销调研报告一般包括下述内容：

1. 宏观营销环境的分析

(1) 人口环境分析。人口环境及其变化对市场需求有着长久的影响，是开展营销的基本依据，是宏观营销环境分析的重点。人口环境分析主要是对人口总数、人口结构、家庭状况等作分析。

(2) 经济环境分析。经济环境分析是宏观营销环境分析的重要内容。市场规模的大小是由社会购买力决定的，而经济环境决定着社会购买力的大小。影响社会购买力的经济环境因素主要有：

①经济发展水平（人均GDP）。调查人员应主要分析调查地区人均GDP水平，以及该数据与社会购买力、企业营销机会的内在联系。

②消费者收入水平。调查人员应对调查地区消费者的人均个人收入、个人可支配收入、个人可任意支配收入等进行分析。分析消费者收入水平与购买力、消费量间的正相关关系。

③消费结构。消费者收入水平对消费支出和消费结构都会有重大影响。调查人员应对调查地区的恩格尔系数进行分析，该系数对生活消费、市场购买、企业营销决策很重要。

④消费者储蓄。调查人员应分析调查地区的利率高低及其与社会购买力、企业营销的内在联系。

⑤信用消费。调查人员应对调查地区的信用消费状况进行分析，分析其对市场购买量的推进程度。

(3) 社会文化环境分析。社会文化是影响人们购买行为、欲望的基本因素。不同社会文化环境下，个人受教育的程度、生活方式、风俗习惯、价值审美观念都有明显差异，从而就有不同的消费习惯和购买特点。调查人员应对调查地区消费者的民族、籍贯、受教育程度、价值观念、风俗习惯和宗教信仰进行分析，分析特定社会文化对消费者消费习惯、购买行为的影响。

(4) 政治法律环境分析。任何国家都要运用政治和法律手段对社会经济进行规范和干预。调查人员应对调查地区的政治法律环境进行分析，主要包括影响企业营销的经济政策、法律法规。

2. 市场状况分析

(1) 产品特点分析。主要对企业将要进入某个市场的产品种类、品种及其数量进行分析；对该产品的现有功能、工艺和使用材料进行分析；对该产品的寿命周期进行分析；对该产品的季节性、地域性等特点进行分析。

(2) 市场规模分析。市场规模是指整个目标市场的购买量，通常是以市场销售总额和市场销售增长率表示。一般情况下，行业协会颁布和提供的是现期市场销售总额和现有销售增长率等信息资料。而预期的市场销售总额和市场销售增长率必须由企业自己来预测分析。

(3) 市场供求分析。包括：

①市场供给情况，进入该产品市场的生产厂商的数量；

②主要的生产厂商的市场份额、品牌影响度和产品的差异性；

③市场供求的整体格局，生产供给与市场需求是否相适应。

3. 竞争对手分析

(1) 谁是主要竞争对手分析。企业不可能与所有竞争对手抗衡，应分析出自己的主要竞争对手。一般来说，主要竞争对手包括：一是同一目标市场的品牌竞争对手，二是与自己营销实力相当的竞争对手，三是对自己已经构成威胁的竞争对手。应注意的是，企业的威胁除了来自目标市场竞争对手外，一些潜在的竞争对手也有可能威胁到企业的生存。

（2）竞争对手的产品销售分析。分析竞争对手销售的产品和自己公司有何不同，消费者对竞争对手的产品品牌、包装评价、认可如何，竞争对手的销售额和市场占有率为多少，竞争有何优势，对自己企业的威胁程度及对策。

（3）竞争对手的目标市场分析。分析竞争对手的销售对象，竞争对手的产品主要销售给哪些客户；分析其市场定位与自己企业有否不同，不同之处在哪里；竞争对手的市场定位对企业是否构成威胁。

（4）竞争对手的营销战略与策略分析。分析竞争对手的营销目标是什么；其实施的是低成本战略、差异化战略，还是集中化战略；其战略对自己企业有否构成威胁；分析竞争者的产品、渠道、价格、促销等营销策略及其实施效果如何；分析其策略的优势所在，对自己企业的威胁及对策。

4．消费者购买分析

（1）消费者构成分析。即对调研课题涉及的目标市场进行分析。分析哪些消费者对企业产品感兴趣，已经或计划购买、使用该产品；分析这些购买者的职业、文化、性别、年龄和收入与市场购买量、企业占有率之间的内在联系。

（2）购买动机分析。即分析目标消费群体的购买动机。分析消费者为什么购买、使用该产品；为什么不购买、使用该产品；购买动机的分析重点应从心理动机角度展开，分析这些动机对购买量的影响程度。

（3）购买特点分析。分析目标市场购买决策的参与者是哪些成员；各个成员的决策地位、作用如何；分析目标顾客的购买习惯、购买时间、购买地点、购买方式、购买频率、购买数量、购买品牌；分析这些购买特点对企业制定营销策略的价值所在。

（4）影响购买的信息渠道分析。影响消费者购买的信息渠道主要有四类：①商业广告渠道，如广告、销售员、批发商、包装物、商品展示等；②个人渠道，如家庭成员、朋友、邻居、熟悉的人等；③公共渠道，如大众媒体、消费者评价组织等；④个人体验渠道，如展示、试用产品、租用产品等。分析该目标市场消费群体最受影响的信息渠道主要有哪些，企业营销工作该如何应对，从而影响他们的购买决策。

（5）使用感受分析。分析目标市场消费者对企业产品的性能、功效、包装、服务是否满意及使用后的具体感受怎样。使用感受反馈信息对企业改进产品、改善服务是很重要的依据。

5．企业营销机会与对策分析

（1）分析企业能够获取的市场机会和面临的威胁。寻找出的市场机会有哪些，即对企业营销开展的有利因素有哪些；找出市场的威胁有哪些，即对企业营销活动有重要影响的不利因素有哪些。

（2）分析企业的比较优势和劣势。分析企业的自身因素、比较市场竞争状况，尤其是主要的竞争对手情况，判断自己的优势和存在的营销能力不足。分析的主要内容有：

①企业营销资源。一般指企业的人力、物力、财力资源。如厂房、设备、自有资金、销售队伍等。

②企业营销能力。主要内容有：通过对产品销售量、销售增长率、市场占有率、产品功能、质量、款式、包装、产品价格、品牌形象等分析，以判断企业营销能力的优劣势。

③寻找企业营销机会与对策。企业营销机会点是从市场机会与企业优势中获得的。通过分析，企业应积极把市场机会转化为营销机会，采取行动来抓住这一营销机会。企业营销问题点源自不利的市场因素和企业劣势，企业应及时采取有效的对策，克服自身弱点，改善不利的市场环境，变被动为主动。

课堂活动：分析企业营销调研内容

背景资料：在家电、快消品、通信、房地产、旅游、娱乐、IT 等行业中任选一企业，分析其存在的营销问题，进而设定调研主题，并确定营销调研内容。

分析执行：首先，团队讨论确定拟分析的企业存在的营销问题和调研方向。然后，从该企业的宏观环境、市场状况、竞争对手、消费者购买行为和企业自身等方面加以分析来确定具体的调研内容。最后，将相关内容填入表 3—3 中。

活动记录：

表 3—3 ××企业营销调研内容

营销问题	调研内容
调研主题	
宏观环境	
市场状况	
竞争对手	
消费者购买行为	
企业自身	

（三）营销调研报告撰写技巧

1. 寻找符合实际的理论依据

要提高报告内容的说服力，并使阅读者接受，就要为报告的分析观点寻找理论依据。事实证明，这是一个事半功倍的有效办法。理论依据要有对应关系，纯粹的理论堆砌不仅不能增强报告的说服力，反而会给人脱离实际的感觉。

2. 有力举例，论证观点

调研人员应通过大量、真实的调查材料来证明报告的分析观点。在调研报告中，一定要进行有力的材料举例，使阅读者感到报告的充实、真实，这样才能增强说服力。为此，撰写调研报告时，要注重调查材料的运用，否则就不称其为调研报告了。

3. 利用数字分析说明问题

营销调研报告是对企业营销实践环境分析的文件，其可靠程度如何是决策者首先要考虑的。报告书的任何一个分析点都要有材料依据，而数字就是最好的依据。在报告中利用各种绝对数和相对数来进行比较、对照是绝对不可少的。要注意的是，各种数字最好都有出处以证明其可靠性。

4. 运用图表帮助理解

图表的主要优点在于有着强烈的直观效果，能有助于阅读者理解报告的内容，同时，图表还能提高页面的美观性。因此，运用图表进行比较分析、概括归纳、辅助说明等非常有效。图表的另一优点是能调节阅读者的情绪，从而有利于其对调研报告的深刻理解。

资源
视频：国产平板电脑的市场调研

5. 合理利用版面设计

版面设计包括打印的字体、字号、字间距、行间距以及插图和颜色等。通过版面设计可以使重点突出、层次分明、严谨而不失活泼。随着文字处理的电脑化，策划者可以先设计几种版面，通过比较分析，确定一种效果最好的设计，最后才正式打印。

6. 注意细节，消灭差错

如果一份调研报告中错别字连续出现的话，阅读者不可能对报告的准确度有好的印象。因此，对打印好的调研报告要反复仔细地检查，不允许有一个差错出现，特别是对于企业的名称、专业术语，尤其是专门的英文单词等，更要仔细检查。

三、街头拦截调查

街头拦截调查是指访问员在户外拦截被访者，进行甄别后即刻在现场进行访问的调查方式。通常安排在星期六、星期日或节假日，以保证时间的充裕及街头的人流量。街头拦截调查可以遵循以下步骤：

（一）做好街头拦截调查的准备工作

1. 对问卷内容全面了解

一般来说，街头拦截调查往往会使被调查者措手不及，这需要调查人员进行说明，介绍调查的目的和内容。为此，作为调查人员，必须对问卷内容全面了解，只有熟悉的内容才能清晰、熟练地进行介绍，赢得调查对象的信赖。

2. 相关知识的准备

调查人员应根据不同的调查内容做好相关知识的准备。当涉及某件商品或服务时，要先通过图书馆和网络来查找相关的资料，有时还需要实地考察一番。例如：要调查一款服装的市场反应，就需要了解这款服装的面料、款式、价格、流通渠道等。对调查的事物有了先期的认识，才能对街头拦截调查胸有成竹。

3. 预先观察调查地点

到街头拦截的调查地点实地了解一下环境、人流等情况，检验其是否是进行街头拦截调查的合适地点，便于调查的地点一般是人流较多的购物休息场所。

4. 检查调查所需的物品

一般调查需要带笔和供回答问卷的硬板等，着装也要求整齐些，以良好状态迎接调查的开始。

5. 了解有关职业规则

在街头调查中，调查人员应明确调查对象的权利与调查人员的义务，应遵守有关职业规则。

调查人员应尊重调查对象的以下权利：(1) 自愿；(2) 匿名；(3) 了解调查人员真实身份、目的、手段；(4) 对未成年人调查需经监护人同意。

调查人员必须遵守以下的义务：(1) 不做出有损于市场调查行业声誉或让公众失去信心的举动，不探察他人隐私；(2) 不能对自己的技能经验与所代表的机构的情况作不切实际的表述，不误导调查对象；(3) 不能对其他调查人员作不公正的批评和污蔑；(4) 必须对自己掌握的所有研究资料保密。

(二) 街头拦截调查的具体操作

1. 准确寻找调查对象

调查人员应环顾四周，寻找可能会接受调查的目标对象。街头人群具体分行走人群和留步人群两种。对于留步人群，调查人员应寻找那些单个在一边休息或似乎在等人的对象，径直走上前去询问他们。对于行走人群，调查人员应主要观察对方是否是单人行走、步履的缓急、手中是否提有过多的物品、神色是否松弛等。如果被拒绝，调查人员也应很有礼貌地说："对不起，打扰您了。"

对于小组调查来说，当第一位调查人员被对方拒绝后，第二位调查人员可以考虑 5 分钟以后上前再去询问一次调查对象是否愿意接受调查。如果对方依然拒绝，就不能再有第三次询问。

2. 上前询问，注意姿态

当判断路人可以作为调查对象时，就应积极地上前询问。上前询问的短短几步也是有讲究的，应该朝调查对象缓步侧面迎上。整个行走过程中，目光应对准调查对象。当决定开口询问时，应在调查对象右前方或左前方一步停下。

3. 开口询问，礼貌应对

良好的开始是成功的一半，开口的第一句话很重要。在这句话中，要有准确的称呼、致歉词和目的说明。调查人员可以说：“对不起，先生，能打搅您几分钟做一个调查吗?”上面所说的良好心态、微笑的魅力、语言表达都要协调地配合在一起。

对于询问，调查对象会有多种反应。第一种是不理睬，这说明他对街头拦截调查极度拒绝，向他致歉就可以结束了。第二种是有礼貌的拒绝，这时应当针对对方的借口进行回应，如对方说没时间，可以应对说只需一点点时间。第三种可能是对方流露出一些兴趣，询问是什么调查。这时要把握住机会，让对方看看调查问卷，并向他解释调查的内容，及时递上笔。只要对方接过笔，一般就会接受调查。第四种情况较为少见，即对方一口答应接受调查。

4. 随步询问，引发兴趣

在应对行走人群时，让对方自动停下脚步是一个不错的切入点，说明对方有兴趣。如果对方不愿停下脚步，这就需要调查人员跟随对方走几步，同时用话语力争引起对方的兴趣。切不可直截了当地要求对方停下脚步。一般跟随对方走出 10 米依然无法让对方停步，就应当放弃。

5. 小心收集调查对象信息，注意隐私保护

对于调查对象的信息资料，如姓名、年龄、住址、电话等，有时也需要在街头拦截调查中得知。对于这一内容的调查要小心处理，在调查中要尊重调查对象的隐私保护权利，不能强求。在调查开始时，先要诚实地将自己的真实身份、调研目的、为何要了解他们的基本资料的原因告知调查对象。同时向他们告知调查人员的义务，询问他们是否愿意告知具体信息。只要处理得当，一般情况下调查对象都会愿意留下他们的信息资料。

6. 表示感谢，赠送礼品

当调查对象回答完所有问题后，调查人员应当浏览一遍，不要有遗漏，并向调查对象表示感谢，赠送小礼品，与其告别，目送调查对象离开。

（三）拦截调查对象的注意事项

（1）不要拦截一些有特殊障碍的人，如盲、聋、智力障碍者。

（2）不要拦截携带婴儿的对象（除非有特殊需要）。

（3）不要拦截那些看起来很匆忙（赶时间）的人。

（4）不要在人们进入商店之前或他们在商店前的橱窗前浏览时进行甄别访问。

（5）不要站在商店的通道或阻碍人群通过的购物中心。

（6）注意不要擅闯私人处所，记住在访问前要先打招呼，征求同意；拦截时不应感到歉意或不好意思，要有积极的态度。

案例 1：巴西瓦加斯基金会关于 2016 里约奥运会的民意调查

巴西瓦加斯基金会于 2016 年 5 月 19 日至 6 月 1 日实施了对 2 400 名里约市和里约州的居民的民意调查，并于 7 月 3 日公布了调查结果。

调查结果显示，61%的里约市人和 63%的里约州人相信奥运会能够取得成功。而东道主担忧的问题主要来自安全保障和公共交通。

调查还显示，里约人对于奥运会的定义是：快乐、希望、自豪和激情。59%的里约市人和 62%的里约州人认为奥运会对于里约来说是一个重要事件，因为留下了不少公共设施和文化遗产。旅馆业、旅游业、体育、商业和服务业是从奥运会中受益最多的行业，而且大部分受访者认为奥运会对里约来说得大于失。

33 岁的若昂·穆尼斯是一名居住在里约郊区的体育爱好者。穆尼斯切身感受到了里约为奥运会做出的努力，特别是快速公交线路的建设和酒店网络的扩大，为这座城市提供了更多的便捷。但穆尼斯也认为安全问题必须注意，他说："奥运会期间大部分上班的人会选择休假，我认为不会发生恐怖袭击，特别是场馆区，但是整个城市的暴力事件还是会发生，在街头需要特别注意。"

与穆尼斯一样，85%的里约市人和 81%的里约州人都认为暴力事件可能对奥运会产生负面影响。在回答奥运会面临的最大挑战是什么时，52%的里约市人和 44%的里约州人的回答都是安保问题。

瓦加斯基金会研究员罗塞亚尼·沙威尔说："我们希望得到大量信息，但是安全问题摆在首位，这显示出，对所有里约人来说，暴力事件一直都存在。"沙威尔还指出另一个挑战是城市公共交通，被调查者中 39%的里约市人和 32%的里约州人都显示出对交通的担忧。

不过专家认为，如果一切按照里约市政府的计划，各单位、学校和企业放假，那么奥运会期间的交通应该能够保证。里约热内卢天主教大学交通工程专业教授若泽·欧杰尼奥认为只要 4 号线地铁按时完工、其他市政府的特殊交通计划都得以执行，那么奥运会期间就不会有交通问题。

不过里约人本身对奥运会并不是很积极，只有近一半的受访者支持奥运会（49%的里约市人、52%的里约州人）；认为里约已经完全准备好迎接奥运会的人数也是对半分（48%的里约市人、52%的里约州人）；对奥运会非常感兴趣的人不足一半（42%的里约市人、45%的里约州人），并且 80%的里约市人和 79%的里约州人都表示不打算购买门票去观赛。

资料来源：《超过 60%的里约人相信奥运会能取得成功》，见 http：//news.xinhuanet.com/sports/2016-07/04/c_129112885.html，2016-07。

问题：

1. 巴西瓦加斯基金会此次调查采用了哪些调查方法？

2. 此次民意调查是从哪些方面着手来进行的？包括哪些调查内容？

案例 2：2016 中国移动互联网创新趋势报告·生活篇

在 2016 中国移动互联网创新趋势峰会上，艾媒咨询重磅发布了《2016 中国移动互联网创新趋势报告·年度数据》。该报告作为艾媒咨询的年度研究精华，从 O2O 电商、广告、泛娱乐、生活、移动医疗、移动教育这六大篇章展开大数据研究，勾勒出中国移动互联网创新发展趋势。以下选取调研报告生活篇中关于移动租车和移动购物的内容。

1. 中国移动出行用车用户规模增速缓慢

2015 年，中国移动出行用车用户规模达到 2.94 亿人。2016 年，中国移动出行用车用户规模将达 3.62 亿人。2014 年，我国移动出行用户规模出现爆发式增长，而后增速骤降，用户增长率渐趋平稳。具体数据如图 3—3 所示。未来，围绕移动出行用车的生态将逐步建立，将有更多的用户享受互联网带来的这一重要福利。

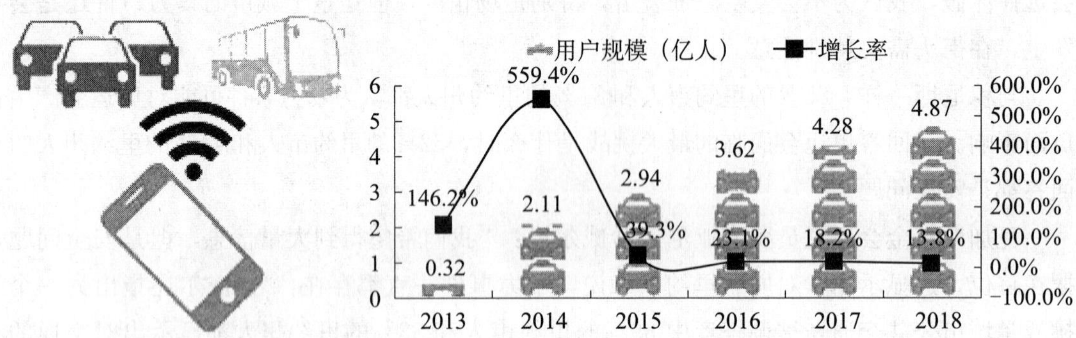

图 3—3　2013—2018 年中国移动出行用车用户规模及预测

2. 移动购物

2.1　2016 年，中国移动购物用户规模将破 4 亿，用户移动购物习惯已经养成

随着智能终端和移动互联网的快速发展，移动购物的便利性越来越突出。在主流电商平台的大力推动下，消费者对于通过移动端购物的接受程度亦大大增加，用户移动购物习惯已经养成。截至 2015 年年底，中国移动购物用户规模达到 3.64 亿。2016 年将突破 4 亿。预计到 2018 年，中国移动电商用户规模将接近 5 亿。

2.2　2018 年，移动端交易额在网络零售市场中交易占比将超过 75％

中国移动购物市场交易额稳定增长，占整体网络零售市场交易额的比重不断上升。预计到 2018 年，移动端交易额在网络零售市场中交易占比将超过 75％。具体如图 3—4 所示。

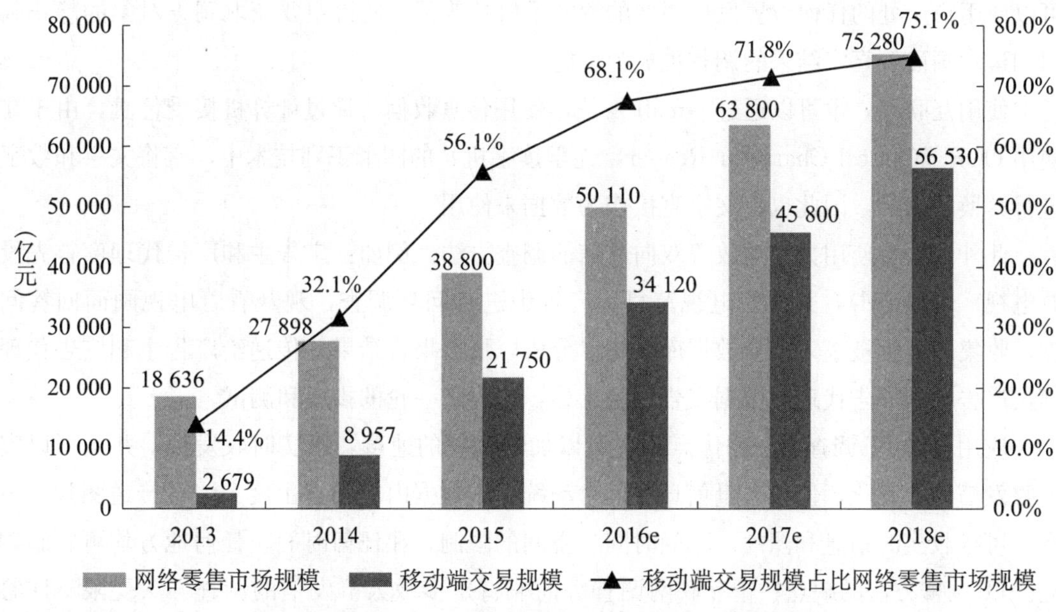

图 3—4　2013—2018 年中国移动购物市场规模及预测

资料来源：《2016 中国移动互联网创新趋势报告・年度数据》，见 http：//www.iimedia.cn/41731.html，2016 - 04。

问题：

1. 以上调研报告的结论会对哪些行业产生影响？会产生哪些影响？
2. 相关企业应制定哪些行之有效的营销战略和策略？谈谈你的想法。

调查技术的 IT 化倾向

IT 的使用使得调查的速度也随之加快，使用掌上电脑的调查正尝试在面访调查、到场者调查、定点街头访问调查等类型的调查中加以应用。由于可以在问卷中加入动画和声音，还可以发送调查对象认可的图像，使得调查的应用范围得到了扩大。

电话调查因 RDD（Random Digit Dialing，随机数字拨号）的应用而加快了速度。RDD 是指按照利用计算机生成的电话号码自动发信来拨打电话，话务员提问并录入回答，然后由计算机对这些回答进行自动统计的方法。

使用手机开展的调查，由于无论调查对象身处何地都可以进行，使得其应用范围更加广泛，除了用 e-mail 发送问卷和获得回答的方法以外，还有各种各样的通信及其组合的调查方法。e-mail 投票系统是指问卷调查的实施者通过在大众媒体和互联网上做宣传，公布某个问题及该问题下的各个选项供人们选择回答，然后请应答者向指定的e-mail地址发送答案。运用自动计数的方法统计给予回应的回答者的结果，从而为舆论调查等提供数据。

可以向用户所处的任何位置发送图像的智能手机的普及，使得想要获取调查对象的静止画面和运动画面等真实结果的调查也成为可能。

使用互联网，也可以通过 e-mail 发信，使用传真收信。通过计算机接受传真，由于在使用 OCR（Optical Character Reader，光学读字机）的图形识别技术中，有将文字和数字进行转换的软件，因此也将文字直接作为数据来使用。

此外，还有使用数字播放等双向通信的调查方法。例如：广告主和广告代理商首先投放电视广告（CM），其次在电视节目、广告中进行问卷调查，观众看着电视画面回答问卷，收集的数据被录入观众数据库并加以分析，形成报告结果并传递给广告主和广告代理商，广告主和广告代理商根据报告调整广告，进行下一轮的投放和测试。

应用各种 IT 调查方法的优点在于可以加快调查的速度，可实时收发信，并且可以实现收发信的自动化，使得大量信息可以自动统计；数据内容的自由度大，可传送图片、声音，可接收实时信息和图片；不受时间、空间的限制，在任何时间、任何地方均可实施调查。IT 调查方法的缺点在于互联网调查等向非特定多数人群发信的调查方法受限于回答者是自愿的应征者；不使用座机电话和互联网等的人群，被排除在调查对象之外。

因此，总的来说，由于快速和低成本，应用 IT 的调查正在不断增加，然而，在向非特定多数人群发送问卷以获得收信者的自愿回答的调查中不能确保代表性，这一点是需要引起注意的。

模块 5　团队项目实战训练

1. 项目任务

以项目小组为单位，为小组的市场调查活动设计方案，并就某一主题的市场调查设计调查问卷，用街头拦截法实施调查，根据所获得的资料，撰写市场调研报告。

2. 步骤及要求

（1）明确组内分工；

（2）了解公司营销活动中存在的问题；

（3）小组内讨论分析的基础上确立调查目的，设计调查问卷；

（4）实施问卷调查；

（5）每个团队提交一份调查报告（1 500 字以上）。

3. 过程评价

（1）小组长评价组员；

（2）组间互评；

（3）教师打分；

（4）教师对项目成果打分。

一、单选题

1. 市场调查首先要解决的问题是（　　）。

A. 确定调查方法　　B. 选定调查对象

C. 明确调查目的　　D. 解决调查费用

2. 只有当现有间接资料不能为认识和解决市场问题提供足够的依据时，才实行（　　）。

A. 文案调查　　B. 实地调查

C. 面谈调查　　D. 邮寄调查

3. 市场预测程序是（　　）。

A. 明确目的、收集资料、分析、预测

B. 收集资料、明确目的、分析、预测

C. 分析、明确目的、收集资料、预测

D. 明确目的、收集资料、预测、分析

4. 在访问法中，（　　）获得的信息量最大。

A. 面谈调查　　B. 邮寄调查

C. 电话调查　　D. 留置调查

5. “大家认为苹果手机好，您觉得怎么样”这一提问有什么问题？（　　）

A. 问题没有针对性　　B. 用词不确切

C. 问题具有诱导性　　D. 内容过于笼统

二、多选题

1. 调研计划包含哪些内容？（　　）

A. 确定资料来源　　B. 安排调查对象

C. 确定调查方法　　D. 确定人员和费用

2. 下列哪些是街头拦截访问的优点？（　　）

A. 时间较短，执行效率高　　B. 成本相对较低

C. 拒访率低　　D. 受访人群较丰富

3. 下列哪些是问卷设计过程中需要注意的问题？（　　）

A. 围绕主题，重点突出　　B. 问题排列合理有序

C. 问题客观　　D. 问题的设置准确无误

4. 调研报告的基本结构包括（　　）。

A. 封面　　B. 前言

C. 目录　　D. 正文

5. 下列哪些是调研报告的撰写要求？（　　）

A. 寻找理论依据　　B. 有力举证

C. 结构严谨　　D. 合理版面设计

E. 注重细节，消灭错误　　F. 结论明确，所提建议可行

三、简答题

1. 简述市场调研的流程。

2. 简述问卷设计的基本原则。

3. 简述市场调研报告的写作要求。

四、论述题

假设你有幸拥有一家稍具规模的企业，但你感到它的市场预测系统还很不完善，影响了企业的发展。于是，你下决心要大力建设，可是下属们却都不支持花费成本进行市场预测，你会如何向他们解释？谈谈市场预测的重要意义。

项目四 制定营销战略

学习目标

了解营销战略分析与策划的内容，掌握营销战略分析与策划中市场细分、目标市场选择和市场定位的基本流程；通过充分的交流合作、合理分工、互相讨论和互相启发，探索完成团队所承担的具体项目的营销战略分析与策划。

学习要求

1. 理解营销战略分析与策划的基本内容；
2. 掌握市场细分的基本原则和相关变量；
3. 掌握决定目标市场选择的因素和目标市场选择的基本策略；
4. 掌握市场定位的作用和原则；
5. 掌握营销战略分析与策划的基本流程。

能力目标

1. 能够进行具体项目的目标市场的细分分析；
2. 能够进行具体项目的目标市场选择和市场定位；
3. 能够通过团队合作，运用相关资料解决相关问题；
4. 具有团队合作精神和协调团队内部人际关系的能力。

滴滴出行的营销战略

滴滴出行是涵盖出租车、专车、快车、顺风车、代驾及大巴等多项业务在内的一站式出行平台，2015年9月9日由“滴滴打车”更名而来。

滴滴打车于2012年9月9日正式上线，业务首先在北京展开，紧接着扩展至上海、深圳和广州地区。2014年5月，产品正式更名为“滴滴打车”，寓意“滴水之恩，涌泉相报”；2014年8月，滴滴专车上线，进军商务用车领域；2015年2月14日，滴滴打车和快的打车进行战略合并；2016年8月1日，滴滴出行宣布与Uber全球达成战略协议，滴滴出行将收购优步中国内地的品牌、业务、数据等全部资产。

“滴滴出行”APP改变了传统打车方式，建立并培养了大移动互联网时代下引领的用户现代化出行方式。与传统的电话召车与路边扬招相比，滴滴打车的诞生更是改变了传统打车市场格局，颠覆了路边拦车概念，利用移动互联网特点将线上与线下相融合，从打车初始阶段到下车使用线上支付车费，绘制出一个乘客与司机紧密相连的O2O完美闭环，最大限度地优化了乘客打车体验，改变了出租司机等客等传统方式，让司机师傅根据乘客目的地按意愿“接单”，节约了司机与乘客沟通成本，降低了空驶率，节省了司乘双方的资源与时间。

从“滴滴打车”到“滴滴出行”，那句“滴滴一下，马上出发”已经融入了越来越多用户的生活。很多人说，滴滴成功的关键是有资金支持，而当我们把目光转向资金如何有效转化为市场的时候，会惊喜地发现，滴滴成功的关键是不断创新。从营销的角度来看，滴滴出行的创新营销战略包括创新红包玩法、创新广告手法、创新跨界合作方式三个方面。

（一）创新红包玩法，培育用户习惯

红包补贴一直是滴滴出行被讨论最多的话题。滴滴出行在市场开发初期，红包补贴的确为其赢得市场出力不少，因为相对于传统的出租车市场，快车、拼车及专车市场的市场接受度相对较低，用户还没有养成消费习惯，而用户对红包的天然敏感性使红包补贴成为市场拓展和用户习惯培育的最好角色。

细数滴滴出行的红包发放，不难发现，其红包策略随着市场的不断变化，补贴方式也在不断创新，从现金红包、折扣红包、节日红包再到跨界联合发红包。

（二）创新广告手法，引发持续传播

随着社会形态和消费模式的变革，广告的内涵甚至也随之发生改变，不再是传统意义上的广而告之，而是如何响应、点燃那些人们已经蕴含在内心、表达在口头、体现在生活细节中的需要。因此，与新的消费模式对应的广告创意也正在悄然发生变化。“互动”和

"体验"成为广告创意的核心，对消费者"痛点"和"痒点"的准确把握成为广告创意的关键。

滴滴在上线顺风车业务时，推出"一分钱拯救地铁汪"的广告活动。广告以漫画的形式刻画了大城市上班族挤地铁的窘态，简洁的文案直戳消费者内心，通过让消费者参与测试并领取治疗金的形式与消费者互动，成功吸引了大量用户参与产品体验，打了一手漂亮的情感牌。

（三）创新跨界合作方式，多元沟通链接

在碎片化的移动互联网时代，品牌与消费者的沟通链接越来越追求多元化和碎片化，追求整合营销传播，品牌在与消费者的多元沟通传播中成为消费者生活的一部分。

出行 O2O 对于大部分用户而言还是一个新鲜事物。滴滴出行要真正走进消费者的生活，成为消费者的自觉行为，除了红包策略和创新广告手法之外，还需要多角度、全方位地与消费者建立链接。滴滴的跨界合作方式主要有跨界营销、公益营销和联合促销三种形式。

从某种意义上来说，滴滴出行的成长路径是不可复制的——它的成功，必然是多种因素综合作用的结果，其中也包括运气的成分。但同时，它的成长路径和营销战略也一定是值得借鉴的，无论对于创业者，还是对于互联网行业的产品和运营从业者，我们都相信它可以带给你足够多的启发。

资料来源：根据百度"滴滴出行"词条；徐艳琴：《出行 O2O 创新营销策略分析——基于滴滴出行的分析》，见 http：//www. xdsyzzs. com/shichangyingxiao/1818. html；韩太春、石磊：《迄今为止最深度最完整的"滴滴出行"成长路径分析》，见 http：//mt. sohu. com/20160119/n435095337. shtml 等资料整理。

请思考：

1. 滴滴出行在细分市场时考虑了哪些因素？
2. 滴滴出行在中国的市场定位是否准确？

模块 1 基本知识

在营销理论中，市场细分（Segmenting）、目标市场选择（Targeting）和市场定位（Positioning）都是公司营销战略的要素，被称为营销战略的 STP。STP 是整个营销策划的核心基础。企业在进行营销策划分析时必须习惯通过 STP 的分析、策划，对各自的市场进行细分，并选择自己的目标市场，传达出各自不同的市场定位，以迎合目标顾客的需求。

> **资源**
> 动画：好茶如何营销

一、市场细分

在市场上，消费者数量众多，分布广泛，不同的消费者通常有不同的需求和购买习惯。

顾客需求的差异性使得任何企业不可能为市场中所有的消费者服务。企业必须确定最有吸引力的、可以提供最有效服务并获取最大利润的目标市场并确立自己的经营优势。

资源
视频：市场细分及划分标准

市场细分思想的历史可以追溯至 20 世纪 50 年代中期的温德尔·史密斯（Wendell R. Smith），他区分了产品差异化战略（采取促销技术影响对某种产品或服务的需求）和市场细分战略（用各种方式来调整市场供应品，尽可能更好地满足不同消费者的要求）的不同。

（一）市场细分的含义和作用

所谓市场细分，就是企业根据消费者的不同购买需求、特征和购买行为，将一个市场分为几个有明显区别的消费者群体，其中每一个消费者群就是一个子市场或称为细分市场。通过市场细分，企业将庞大且复杂的市场划分为更小的细分市场，以便更有效地提供满足消费者需求的产品和服务。

资源
动画：市场细分

通过市场细分，企业可以对每一个细分市场的购买潜力、满足程度、竞争情况等进行分析对比，探索出有利于本企业的市场机会，进行必要的产品技术储备，掌握产品更新换代的主动权，开拓新市场，以更好地适应市场的需要。

通过市场细分，企业可以有的放矢地采取适当的市场营销措施，按照目标市场的需求变化，及时、正确地调整产品结构，使其产品适销对路；可以相应地调整和安排分销渠道、广告宣传等，使产品能顺利地、迅速地送达目标市场；还可以集中使用人力、物力、财力，使有限的资源用在“刀刃”上，从而以最少的经营费用取得最大的经营效益。

（二）有效市场细分的要求

细分市场有许多方法。然而，并不是所有的细分都是有效的。例如：可以根据食盐购买者头发颜色的不同，将他们分为淡黄色头发的顾客和浅黑色头发的顾客，但是购买食盐与头发的颜色无关。要使市场细分有效，必须满足下列要求：

1. 可衡量性

细分市场的规模、购买力和基本情况是可以衡量的。如果某些细分变量或购买者的需求和特点很难衡量，细分市场后无法界定，难以描述，那么市场细分就失去了意义。一般来说，一些带有客观性的变数，如年龄、性别、收入、地理位置、民族等，都易于确定，并且有关的信息和统计数据也比较容易获得；而一些带有主观性的变数，如心理和性格方面的变数，就比较难以确定。

2. 可进入性

可进入性是指企业能够进入所选定的市场部分，能进行有效的促销和分销，实际上就是考虑营销活动的可行性。一是企业能够通过一定的广告媒体把产品的信息传递到该市场众多的消费者中去，二是产品能通过一定的销售渠道抵达该市场。

3. 可盈利性

细分市场的规模要大到能够使企业足够获利的程度，使企业值得为它设计一套营销规划方案，以便顺利地实现其营销目标，并且有可拓展的潜力，以保证按计划能获得理想的经济效益和社会效益。

4. 差异性

差异性是指细分市场能被区别，并且对不同的营销组合因素和方案有不同的反应。

5. 可操作性

企业必须能够设计有效的方案吸引并服务于细分市场。

（三）市场细分的变量

市场由消费者组成，消费者可能在一个或者多个方面各不相同，如欲望、居住地、购买态度和购买行为。市场营销人员必须单独或者综合考虑各种市场细分变量或变量组合，以便找到最佳的分析市场结构的方法。常用的市场细分变量有：

1. 地理因素

地理因素细分是指按照消费者活动的地域环境作为细分市场的依据。这种细分需要考虑的因素主要有地理位置、城市规模、气候条件及人口密度等。地理因素是在市场细分中应用很广的变量，特别适用于那些并不指望吸引广泛、分散的顾客的中小规模的市场营销活动。其主要理论依据是：处在不同地理位置的消费者各有不同的需要和偏好，他们对企业所采取的市场营销战略及措施的反应也有所不同。例如：北方人喜面食，南方人习惯吃米饭，企业需要针对不同的消费者的不同需求和偏好，采取行之有效的方法开展营销活动。

2. 人口因素

人口因素是最常用的细分消费者群体的基础变量，原因是消费者的需求、愿望随人口因素的不同而变化；同时，人口因素比其他因素更易于测量。市场细分需要考虑的人口因素有性别、年龄、家庭人口、收入、职业、教育、民族、文化程度等。性别的差异在服装、化妆品和杂志等领域表现尤为明显。在按年龄进行市场细分时要注意根据人口统计资料了解人口年龄分布，以掌握不同年龄段人口数量和比重，确定市场容量的大小；根据家庭进行市场细分时，家庭人口的数量是细分市场的重要切入点；收入作为市场细分变量在汽车、游艇、服装、化妆品、旅游等领域早就被众多商家使用。

3. 心理因素

在市场细分时，人们发现，同年龄、同性别，甚至于受教育程度相同或同一地区的消费者，他们对商品的爱好和评价也有所不同，这主要就是心理因素的影响。如人们的生活方式不同，消费倾向和需要的商品也不一样。生活方式与消费者的经济收入、文化素养、价值观念有很大关系，营销者只有准确把握不同的生活方式的特征及相关消费群体的特点才能达到预期的营销目的。例如：美国的一家服务公司专门针对美国女性的生活方式，把女性分为朴素型、时髦型和职业型三个细分市场。心理学家认为，具有不同性格的人，其消费需求及购买行为的差异也很大。例如：性格外向的人购买情绪型商品较多，而性格内向的人则注重实用类商品的购买；性格独立性较强的人会自己决定购买何种商品或服务，受外界影响较小，而依赖性较强的人，则经常受外界因素的影响。

4．购买行为因素

购买行为因素一般包括购买频率、购买状态、购买动机以及对厂家的信赖程度等。企业要根据消费者购买时机、消费者追求的利益、消费者使用状况、消费者忠诚程度等行为因素来细分市场。例如：从购买时机来讲，空调、冷饮、墨镜等产品显然有一个夏季的消费者细分市场，而电暖气、羽绒服等则有一个冬季的消费者细分市场；从追求利益来讲，有的消费者追求商品物有所值，有的则追求高品位的商品等；从使用状况来讲，可以将消费者分为非使用者、未使用者、潜在使用者、首次使用者和经常使用者等，实力雄厚的大公司一般注重培养长期用户，营销重点是潜在用户，而中小公司一般以经常使用者为对象，营销重点在于稳定本产品的消费群体；从忠诚度来讲，可以分出四个细分市场，即单一品牌忠诚者、几种品牌忠诚者、品牌忠诚转移者和无品牌偏好者，深入调查品牌忠诚度，便于营销者采取有针对性的营销策略。

二、目标市场选择

企业进行市场细分的目的就是选择目标市场。目标市场是指企业经过市场分析、比较和选择决定进入的细分市场。目标市场是一个消费者群体，他们有共同的需求或特点，企业也正是为这些需求来服务的。正确选择目标市场，是目标市场营销战略成败的关键步骤。

资源
动画：目标市场选择

（一）决定目标市场的因素

决定目标市场的因素包括以下几个：

1．市场因素

市场因素主要包括市场规模、市场容量、市场增长率、年销售增长率、市场生命周期、季节性，以及顾客对价格、服务类型及外部因素的敏感程度等。

2．竞争因素

竞争因素主要包括竞争对手的类型及对市场的重视程度、竞争类型的变化、竞争对手市场份额的变化及新技术的替代性等。

3. 经济因素

经济因素主要包括分销渠道宽度、规模经济、进入和退出的壁垒等。

4. 技术因素

技术因素主要包括技术的成熟性及可变性、技术的复杂程度、技术被复制的难易度，如是否属于专利技术等。

5. 社会政治因素

社会政治因素主要包括公众的态度及价值取向、法律法规、消费者运动及消费者素质等。

6. 企业目标和资源因素

企业必须考虑对细分市场的投资与企业的目标和资源是否相一致。某些细分市场虽然有较大吸引力，但不符合企业长远目标，也要放弃。即使这个细分市场符合企业的目标，也必须考虑本企业是否具备在该细分市场获胜所必需的技术和资源。

（二）目标市场的营销策略

目标市场的营销策略是指企业对客观存在的不同消费者群体，根据不同商品和劳务的特点，采取不同的市场营销组合的总称。一般而言，目标市场的营销策略有三种：无差异营销策略、差异营销策略、集中营销策略。

1. 无差异营销策略

无差异营销策略是企业以一种产品、一种市场营销组合，试图在整个市场上吸引尽可能多的消费者的策略。这种策略以整个市场作为销售对象，着眼于消费者需求的同质性，对消费者需求的异质性忽略不计。这种策略的优点是：产品的品种、规格、款式单一，企业便于标准化和大规模生产，有利于降低产品开发、生产、仓储、运输、促销等方面的成本，使企业以较少的成本争取更多的消费者，从而实现规模效益。其不足是：不能满足不同消费者之间的差异需求与爱好，难以适应市场需求的发展变化，而且极易造成市场竞争激烈和市场饱和。

例如：美国汽车行业长期以来重视生产大型汽车，大型汽车市场的竞争异常激烈，对小型汽车的市场潜力估计不足，以致在20世纪70年代的能源危机中，节省燃油的日本品牌汽车迅速占领美国市场，美国本土品牌的市场占有率大大下滑。实践证明，在现代市场上，该策略的适用性越来越有限，一般只适用于少数消费者需求差异不大而需求量较大的产品。

2. 差异营销策略

差异营销策略是企业推出多种产品、采用不同的市场营销组合，以满足各个细分市场不同需求的策略。这个策略针对消费者的不同需求来组织生产，希望通过每个细分市场获得良好的销售成绩和市场定位，以树立企业的整体形象，带动所有产品的销售。这种策略的优点是：它是一种多元化经营，能较好地满足不同消费者群的需求与爱好，易适应市场需求的发展变化，有利于树立企业的整体形象，增强企业的市场竞争能力，从而扩大销售。其不足是：多品种、少批量生产可能导致企业的产品改进、生产、仓储、销售等成本和管理费用的提高，同时，营销组合的多样化也可能致使企业资源短缺、能力受限。显然，实施这一策略，企业在提高销售量的同时，也提高了生产成本。因此，该策略的采用应权衡其带来的收益与增加的成本之间的关系。

采用这种策略的往往是那些实力雄厚的大企业。例如：可口可乐公司除继续生产原口味的可乐外，还推出了新配方的可乐，同时为不喜欢可乐型饮料的消费者提供了雪碧、芬达等各种口味的饮料。而且推出了各种容量的瓶装及罐装的产品，采用各种促销方式来进行销售，以迎合不同消费者的需要。

3. 集中营销策略

集中营销策略是企业集中力量推出一种或少数几种产品和市场营销组合手段，满足一个或少数几个子市场的需求，以期在竞争中获取优势的策略。这种策略往往为小企业采用，它着眼于消费者需求的差异性，重点放在某一个或几个消费者群；小企业不期望在较大市场上占有较小份额，而宁愿在一个或少数几个细分市场上获得较大的市场占有率。这样，小企业就可以充分利用有限的资源，发挥其在某些方面的优势，提高产品的市场占有率。例如：日本尼西奇公司原来是一个只有30多人的雨衣生产公司，转业生产婴儿尿布，成为专业尿布生产公司，其销售量占全世界的30%。该公司正是利用人们经营中见大不见小的特点，采取了小中求大、以小取胜的策略。该策略的优点是：第一，经营对象集中，有利于深入了解目标市场的需求和爱好，有针对性地创造产品特色，使消费者的需要得到更好的满足。第二，因为产品较少，可以在生产和营销方面实行专业化，以降低成本，增加盈利。第三，企业集中了全部的资源，有利于在这一特定子市场范围内取得有利地位，与竞争强手相抗衡。其不足为：风险比较大，因为企业的目标市场范围较小，企业回旋的余地不大。如果目标市场情况发生变化，如出现强大的竞争对手，价格下跌，消费者偏好转移等，企业就可能陷入困境。因此，采用这种策略的企业，必须密切注意目标市场的动态变化，早作对策，以减少经营中的风险。

三、市场定位

市场定位是企业进行差异化市场竞争的重要手段。企业通过市场定位可以进一步明确服务对象，更好地满足目标顾客的需求，可以赋予产品更多的特色，为企业树立与众不同的市场形象，以鲜明的特色、形象吸引目标顾客群体。准确的市场定位有利于企业深入地了解目标消费者的需求，制定营销组合策略，并在此基础上有针对性地制定相应的产品、价格、分销和促销等组合营销策略，有的放矢开展营销，才能在与对手的市场竞

资源
视频：认识市场定位

争中取得鲜明的优势。

（一）市场定位的含义与作用

市场定位就是确定产品在目标顾客群心目中的形象，通过传递特定信息，使其将该品牌与竞争对手区分开来（竞争区间），以占据细分的市场空间。市场定位的作用包括以下几个方面：

1. 定位制造差异

差异化是市场定位的首要原则。市场定位中的差异性可能来自企业的产品与竞争者产品之间的差别，如七喜与可口可乐、百事可乐之间的差别是含不含咖啡因；差异性也可能来自企业众多品牌之间的区别，如宝洁公司推出的海飞丝、飘柔、潘婷三种洗发水，其差别在于去头屑、柔顺、滋养三个方面。市场定位中的差异主要来自以下几方面：

资源
视频：BMW 宝马广告 HIRE 网络电影精选

（1）质量：产品质量是否更为优越，更经久耐用？企业能否做出质量保证？

（2）外观：产品外观是否能满足消费者特别的审美要求？

（3）方便：产品使用是否更方便，更易于操作？

（4）舒适：产品服务是否能让消费者获得更为舒适、愉悦的享受？

（5）价格：产品价格是否更为优惠？是否像产品本身一样具有吸引力？

（6）服务：企业是否提供了更多的超越竞争者的完善的服务？

（7）利益：使用该企业的产品究竟能给消费者带来多少利益和好处？

当然，市场定位中的差异因素远远不止这些，还包括很多有形或无形的因素。企业与竞争者的差异越多，其市场定位优势越明显，产品形象也就越突出。但没有多项差异也不要紧，只要有一项特别出色，就能打动消费者的心。

2. 辅助目标实现

在具体的营销策略中，营销策划人员往往需要回答涉及营销策略组合的多种问题。各项营销策略直接影响营销目标的实现，而这些策略的依据是否正确，则是其是否有效的关键。只有将市场定位作为各项策略的依据，将各项手段相互配合、整合，向消费者传达产品的市场定位信息，才能使产品在目标市场中占据更大的份额。

3. 创造竞争优势

对企业而言，关键不是对产品本身做些什么，而是做些什么才能打动消费者。如今，企业单凭上乘的质量或低廉的价格已难以获得竞争优势。国外一项研究表明，市场上各种品牌的化妆品之间的品质差异远低于它们之间的价格差异。成功品牌的竞争优势主要来源于其市场定位。

资源
视频：小米营销活动案例分析与解读

具有某种优势是进行市场定位的有利条件，但市场定位本身不是竞争优势，不过它能创造竞争优势，营销策划人员在进行市场定位时会发现，市场定位带来的竞争优势并不见得是产品自身的优势，甚至可能正是自身的弱势，而之所以定位于此，是因为存在市场空隙。

（二）市场定位的原则

市场定位的原则包括以下几个：

1. 简明原则

消费者具有喜欢简单、讨厌复杂的心理。越是简单、明确的信息，越容易被消费者识别和接受。产品各有特色，关键在于企业要预先筹划好什么特色打动消费者。一言以蔽之，突破这道屏障的诀窍就是定位要简明，集中力量于一个重点并将其深深地印在消费者心中。

2. 个性化原则

有差别意味着有距离，而距离是可以拉近的，无法拉近的是产品的个性。个性往往是一种无形因素，人们知道它的存在，却无法追随。市场定位应遵循个性化原则，即赋予产品或品牌独有的个性，以迎合相应的消费者的个性。

> **资源**
>
> 视频：全新沃尔沃VOLVO XC90 全新安全技术展示

在挑选产品时，消费者会在理性上考虑产品的实用功能，同时评估不同产品所表现出的个性。当产品的个性与他们的自我价值观相吻合时，他们就会选择该产品，并利用该产品来彰显自己的个性。

营销策划人员可以从产品的物理特性和功能利益出发，确定其市场定位，但这一定位并不仅仅是产品的物理特性和功能利益的总和，它还含有另外一些完全属于精神层面的东西。例如：万宝路、西部牛仔和马到底有什么必然的联系呢？没有！万宝路西部牛仔和马的形象使消费者产生自由、奔放、帅气、强劲而有力量的联想，这完全是从精神层面出发，从而让消费者吸万宝路香烟时自然而然地产生这样的心理感受。至于烟本身的特性和功能，与这种心理感受关系不大。企业所做的只是将产品的包装、广告和其他手段与其市场定位相匹配。

3. 动态调整原则

动态调整原则就是要求企业在变化的环境中，抛弃传统的以静制动、以不变应万变的静态定位思想，对环境时刻保持高度的敏感，及时调整产品的市场定位，开发产品的新性能来满足消费者的新需求，或者偏移和扩大原有的定位点，以做到驾驭未来，而非经营过去。企业只有不断调整自己的经营目标、产品种类、技术水平、管理方式、营销策略，才能适应环境，焕发生命力。

成功的经验表明，在动态的市场环境中，企业应当密切关注市场环境，审时度势，根据环境的变化、竞争者的变化、消费者观念和态度的变化以及政府宏观政策的变化，重新定位自己的产品和企业形象，修正企业的营销策略，以适应不断变化的市场需要。

4. 目标消费者原则

目标消费者原则实质上就是为目标消费者提供令其满意的服务的原则，即不断强化消费者满意程度的原则。许多企业曾陷入无休止的“广告大战”“品牌大战”，而忽视了竞争的根本立足点，如今它们又重新调整战略，回归至为消费者提供满意的服务上来。例如：美国通用电气公司和惠而普公司，都提出了“使顾客100%满意”的目标。以消费者为导向，是市场定位的重要原则。

模块2 操作指导

一、市场细分的基本流程

市场细分是寻求目标市场的一种有效的科学方法，是企业进行目标市场选择的前提和基础。一个整体市场之所以可以细分为若干个子市场，主要是因为消费者的需求存在差异。市场细分的基本流程如下：

(一) 了解市场基本情况

需要了解的市场基本情况包括如下几方面：

(1) 消费者对企业及其产品和服务的了解有多深?

(2) 即将推向某一市场的产品是新产品还是旧产品?

(3) 市场细分的目的是什么? 是增加现有消费者对产品的忠诚度，还是吸引新的消费者，抑或将消费者从竞争者那边吸引过来?

(4) 市场细分是为短期规划还是长期战略服务?

(5) 企业管理者和销售者对现有市场结构的看法如何?

(二) 确定市场细分的依据

市场细分必须考虑各种因素（以地理、人口、心理和行为四个方面的因素为主），根据具体的产品特征和市场特征，找出最重要的一个或者几个因素，以此为依据优化市场结构，实现营销目标。

(三) 选定产品的市场范围

企业应根据自己的任务和追求的目标，制定发展战略，继而选定产品市场范围。产品的市场范围应根据市场的需求而不是产品的特性来决定。

（四）列举潜在消费者的基本需求

选定产品的市场范围以后，企业可以运用头脑风暴法，从地理因素、人口因素、心理因素和行为因素等方面出发，大致推断潜在消费者的基本需求。营销策划人员在这一环节所掌握的情况有可能不全面，但却为以后的深入分析准备了基本资料。

（五）分析潜在消费者的需求差异

对潜在消费者进行抽样调研，并对其需求变数进行评估，从而了解其共同需求及其需求差异。

（六）排除潜在消费者的共同需求

分析潜在消费者的需求差异后，应排除其共同需求。共同需求固然重要，但它们只能作为营销策略组合的参考，不能作为市场细分的依据。市场细分需要大量的市场调研资料作为支撑，对样本量有较高要求，例如：多城市研究的成功样本应在 1 000 份以上。

（七）确定细分市场

确定了符合现实的市场细分方案之后，下一步就是要获得关于市场细分的额外信息，并对其进一步分析，以确定细分市场。

（八）命名细分市场

细分市场确定后，要为每个细分市场命名。细分市场的名称应该能准确概括该市场的内涵，体现该市场的特征，并且要有意义，令人难忘。

（九）描述细分市场

对细分市场进行简洁明了的描述是必要的，内容如下：

（1）细分市场的名称。

（2）使细分市场产生差异的重要因素。

（3）对细分市场中消费者群体的简要描述。

（4）以细分市场为目标，利用 4P 营销理论获取相关信息。

二、目标市场选择的基本流程

目标市场选择，即在制定衡量细分市场吸引力的标准后，选择一个或几个要进入的细分市场。目标市场选择的基本流程主要包括评估细分市场和选择营销策略两个环节。

（一）评估细分市场

在市场细分的基础上，企业需要评估各种各样的细分市场，并确定哪些是值得进入的目标市场。评估细分市场时，必须注意三个因素：细分市场的规模与发展前景、细分市场目前和潜在的盈利能力以及企业的目标和资源。

1．细分市场的规模与发展前景

企业必须首先收集有关细分市场目前的销售量、增长率和期望利润的数据。那些具有相当规模和正在发展的细分市场是企业要重点攻克的市场，但相当规模和发展势头是相对而言的，企业应该在考虑细分市场规模和发展的基础上，结合自身的特点，选择更加有利可图的细分市场。

对于无吸引力或吸引力小的细分市场，企业应采取合并的方式。在评估细分市场的吸引力大小时，需注意的是，某个细分市场现在没有吸引力并不意味着其在将来也没有吸引力。所以在判断细分市场潜力时，要弄清楚其无吸引力的原因。一般来说，造成细分市场无吸引力的原因有两个：其一，企业目前还不能提供适合的产品或服务来迎合这些细分市场的消费者；其二，该市场尚处于开发阶段，暂时无利可图。

2．细分市场目前和潜在的盈利能力

一个子市场可能具备理想的规模和发展前景，但就盈利能力而言，它可能缺乏优势。所以，企业必须考察影响细分市场长期盈利能力的主要因素，这些因素包括替代品或潜在替代品、消费者的购买力、各个企业的规模和垄断力等。

3．企业的目标和资源

即使细分市场具有理想的规模、发展前景和盈利能力，营销策划人员在评估细分市场时还要考虑企业自身的目标和资源情况。有些细分市场可能本身具备吸引力，但它会分散企业资源，使得企业偏离目标。假如企业不能保证自己有实力参加竞争并取胜，就应该慎重进入这样的细分市场，即使企业具备各种必要的实力，也要确认它在人力和物力上优于竞争者，并能为消费者提供优于竞争者的价值。

（二）选择营销策略

评估不同的细分市场后，企业需要决定究竟为几个细分市场服务，并可以根据不同的情况，选择不同的营销策略（无差异营销策略、差异营销策略和集中营销策略）。

企业在选择营销策略时，应考虑以下几方面因素：

1．企业的实力

如果企业在人力、物力、财力及信息方面资源不足，能力有限，无力把整个市场作为目标市场，可采用集中营销策略。实力雄厚的大企业，可以考虑采用差异或无差异营销策略。

2．产品的同质性

产品的同质性是指这一类商品提供了类似的功效，指在消费者眼里，不同企业生产的产品的相似程度。对于大米、食盐、钢铁等产品，尽管每种产品因产地和生产企业的不同会有些品质差别，但消费者可能对此并不十分看重，此时，竞争将主要集中在价格上。这样的产品适合采用无差异营销策略。对于服装、化妆品、汽车等产品，由于在型号、式样、规格等方面存在较大差别，产品选择性强，同质性较低，因而更适合于采用差异或集中营销策略。

3．市场的同质性

市场的同质性是指所有购买者爱好相似，对营销策略刺激的反应也相同。在这种情况下，企业可考虑采取无差异营销策略。反之，则适宜采用差异或集中营销策略。

4．产品所处的生命周期阶段

当产品处于投入期，同类竞争品不多，竞争不激烈，企业可采用无差异营销策略。当产品进入成长期或成熟期，同类产品增多，竞争日益激烈，为确立竞争优势，企业可考虑采用差异营销策略。当产品步入衰退期，为保持市场地位，延长产品生命周期，全力对付竞争者，企业可考虑采用集中营销策略。

5．竞争对手的目标市场策略

企业选择目标市场策略时，还要充分考虑竞争对手尤其是主要竞争对手的营销策略。如果竞争对手采用差异营销策略，企业应采用差异或集中营销策略与之抗衡；若竞争对手采用无差异营销策略，则企业可采用无差异或差异营销策略与之对抗。

三、市场定位的基本流程

（一）确定目标消费者的需求特征

企业在确定目标消费者的需求特征时需做到以下几点：

1．研究目标消费者的个体特征

对目标消费者的购买产生影响的个体特征主要有如下两个方面：

（1）年龄和所处人生阶段。不同年龄和所处不同人生阶段的人，需要的产品和服务是不同的。十几岁的青少年偏重于娱乐性、新潮产品的消费，二十来岁、刚结婚的年轻人对价格较为敏感，三十来岁、有小孩的消费者对儿童物品较为感兴趣，四十来岁、儿女长大或成家的人偏重于品牌、耐用产品的消费。

（2）职业。消费者的消费模式和所从事的职业有很大的关系。营销策划人员要找出对自己的产品和服务有较高需求的职业群体，并考虑为这些特定的群体增添或减少产品的部分附属功能，以适合他们的需求。

2．了解相关群体对目标消费者的影响

个人既然生活于社会中，就不可避免地受到相关群体的影响。在考虑目标消费者的个人特征时，还要分析他们所受到的宗教、职业和行业协会的影响，以及来自家庭、朋友、邻居和同事等的影响。

3．调研目标消费者所需利益的特征

这里的利益是指目标消费者购买产品时所追求的利益。企业要调研目标消费者对某种产品属性的重视程度，搞清楚他们的选购标准及其需要何种利益。

（二）研究竞争者的市场定位

一般可以从以下几个方面研究竞争者的市场定位：

1．调研竞争者的产品在目标消费者心目中的形象

产品在目标消费者心目中的形象一般分为高质量高价格、高质量低价格、低质量高价格、低质量低价格和质量价格均一般等几种。营销策划人员可以通过问卷调研的形式，了解目标消费者对竞争者的产品的看法。

2．了解竞争者的经营状况

竞争者如何经营和经营状况如何，对企业的市场定位有重大影响。一般来说，当竞争者某一产品的经营状况相当不错时，企业要尽量规避与竞争者采取相同的市场定位；当竞争者的经营状况欠佳时，企业则可以考虑采取同一市场定位，抢夺竞争者的市场。

3．预测竞争者的发展潜力

在市场定位之前，营销策划人员应设法了解更多的关于竞争者未来发展潜力的信息。例如：购买竞争者的商业情报或留意竞争者在人才培养、设备引进等方面所采取的措施。

（三）确定企业的市场定位

企业经营的产品不同，面对的顾客不同，所处的竞争环境也不同，因而市场定位的方式也不同，企业进行市场定位的方式可以是多维度的。

1．根据产品特色定位

根据产品本身特征，确定它在市场上的位置。构成产品内在特色的许多因素都可以作为市场定位的依据，如产品功能、成分、材料、质量、档次、价格等。

资源

视频：广告诉求定位策略

2．根据产品利益定位

根据产品本身的属性及由此带给消费者的利益、解决问题的方法以及重点需要满足的程度来定位也能使消费者感受其特色。

3．根据使用者类型定位

企业把产品推荐给某一类型的潜在使用者，根据使用者的心理与行为特征，以及特定消费模式塑造出恰当的形象。

4．根据竞争需要定位

企业根据竞争者的特色与市场位置，结合企业自身发展需要，将本企业产品定位在与其相似的另一类竞争者产品的档次，或依据与竞争直接有关的不同属性或利益进行定位。

（四）传播企业的市场定位

传播企业的市场定位即：

1．建立与市场定位相一致的企业形象

营销策划人员要积极、主动地向目标消费者宣传企业的市场定位，首先要在目标消费者心目中留下符合企业市场定位的鲜明形象，其次要尽力使目标消费者认同、喜欢和偏爱企业的市场定位。

2．巩固与市场定位相一致的企业形象

（1）不断强化企业在目标消费者心目中的形象。目标消费者对企业的市场定位的印象，需要通过不断的由浅入深、由表及里和由偏到全的深化过程来强化。

（2）与目标消费者保持沟通。在不断适应外部生存环境变化的过程中，企业的市场定位必然会有所变化，营销策划人员要将变化后的企业市场定位及时传递给目标消费者，使目标消费者的认识与这些变化相一致。

（3）稳定目标消费者的态度。在企业形象建立后，营销策划人员还要不断地向目标消费者提供新的信息，印证目标消费者原有的认识和看法，从而使其更加支持企业的市场定位。

（4）加深目标消费者的感情。营销策划人员要引导目标消费者的感情倾向，增加其感情浓度，并尽量提高目标消费者的感情效能。

3．矫正与市场定位不一致的企业形象

当发现目标消费者对企业市场定位的理解模糊、混乱时，营销策划人员一定要对其进行矫正。这种模糊、混乱可能是主题太多所致，也可能是市场定位变换频繁所致，这就要求营销策划人员及时发现问题并作出快速反应。

（五）实施市场定位策略

当选择好市场定位后，紧接着就要考虑如何采取策略把市场定位落到实处，一般有以下四种策略可供选择：

1．填补定位策略

填补定位策略是指企业为避开强有力的竞争对手，将产品定位在目标市场的空白部分或是空隙部分。此策略可以使企业避开强大的竞争对手，迅速在市场上站稳脚跟，并能在消费者或用户心目中迅速树立一种形象。这种策略风险较小，成功率较高，常常为多数企业所采用。

2．并列定位策略

并列定位策略是指企业将产品定位在现有竞争者的产品附近，服务于相近的顾客群，与同类同质产品满足同一个目标市场群体。采用此策略有一定的风险，但这是一种更能激励企业奋发向上的可行的定位尝试，一旦成功就会取得巨大的市场优势，因为这个市场往往是规模大且最有利可图的部分。

3．对抗定位策略

对抗定位策略是指企业要从市场上强大的竞争者手中抢夺市场份额，改变消费者原有的认识，挤占对手原有的位置，自己取而代之。采用此策略的目的在于企业准备扩大自己的市场份额，有决心并且有能力击败竞争者。

4．重新定位策略

重新定位策略是指随着企业的发展、技术的进步、社会消费环境的变化，企业对过去的定位加以修正，使企业拥有比过去更多的适应性和竞争力。

课堂活动：选择一种产品进行市场细分

背景资料：在饮料、家电、快消品、汽车等行业任选一产品，收集该产品的相关资料，确定相关细分变量并对该产品进行市场细分。

分析执行：首先，团队讨论确定拟分析的产品及细分变量、对选定的产品进行信息收集；然后，根据讨论确定的标准和方法对所选择的产品进行市场细分；最后，将相关内容填入表4—1中。

活动记录：

表4—1　××产品的市场细分

市场细分变量	市场细分结果

案例1：《欢乐喜剧人》的营销战略

《欢乐喜剧人》是一档由东方卫视以及欢乐传媒联合打造的全国首档明星喜剧竞赛真

人秀节目。节目旨在网罗各路民间喜剧人才，用语言的幽默力量传递人间快乐笑声，以综艺的形式推出，通过相声、小品、曲艺、幽默表演、杂耍、变脸等节目样式产生最具喜剧天分的人才。

作为2015年最火爆的现象级喜剧综艺栏目，《欢乐喜剧人》第一季不仅在收视率方面表现突出，平均收视率达到1.41%，最高收视率达到1.86%，网络影响力和传播力更是优秀。其中，视频内容网络点击量高达30亿次，并在社交媒体中多次引发了传播爆点。

为了延续第一季中创下的良好口碑，为观众呈现更具特色的原创喜剧魅力，第二季的《欢乐喜剧人》不仅沿用了原班制作人马，保留经典特点，还进行了诸多创新；2016年强势回归的东方卫视《欢乐喜剧人》第二季，以其爆笑的节目内容迅速俘获了一大批观众的心。据央视索福瑞35城数据显示，东方卫视《欢乐喜剧人》第二季首播的收视率高达2.8%，收视居全国同时段排名第一；在上海本地更收获了5.5%的高收视，赢得了口碑和收视的双丰收，取得开门红。

一直以来，喜剧无论在大银幕还是现场演出中，都不缺市场。但在电视荧屏上，喜剧类电视剧被认可的并不多，而喜剧类综艺节目更是不受关注。曾经播出的《我们都爱笑》《笑傲江湖》和《我为喜剧狂》等节目，虽然乘真人秀的东风，但终究没有成大器。而《欢乐喜剧人》几乎囊括了国内最顶尖的喜剧门派，经过两季的沉淀，形成了一种“认真搞笑”的喜剧精神和氛围，并得到观众的认可。

有趣的是，这档节目的走红并不是依靠综艺模式的噱头。该节目嫁接了《我是歌手》的赛制，让笑星们可以在这个舞台使出浑身解数，PK竞争。但就是这样一台“晚会式”的传统综艺节目，延续了观众对春节联欢晚会语言类节目的期待和喜爱，用话剧、电视舞台、后台剪辑等创新、混搭的方式改变了舞台喜剧的面貌，传递一个个“笑中带泪”的故事。

模式：给喜剧人一个剧场

每一年的除夕，对于全国的电视观众而言，最期盼的就是春节联欢晚会，语言类节目正好是整台晚会的“人气王”。这么多年下来，“看春晚，看小品”已经成为不少观众的固定选择，电视荧屏上也乐此不疲地长期重播历年来晚会上的经典小品和相声作品。基于这样广泛的群众基础，主打小品、相声艺术的《欢乐喜剧人》当然能吸粉。

对于很多观众来说，晚会小品已经有点过时了，喜剧的效果越来越弱，所以节目制作方做这档节目的理念还是要创新和多元，既要青春、时尚，符合年轻人的口味，又要有创新。于是，在《欢乐喜剧人》中出现了一种小剧场演出的气氛，回归到喜剧演出最初的模式，台上台下的距离很近，演员与观众甚至可以面对面交流；台下的观众人数也足够多，能够保证几乎每个笑点都能得到一部分人的回应。作为一档电视节目，《欢乐喜剧人》的导演组通过镜头剪辑，不断调和舞台与电视之间的矛盾，让这样一档节目呈现出一种远大于电视感的舞台效果。对于“喜剧人”而言，舞台是一种带有仪式感的存在，业内人士说“站在台上是为了让观众发笑，这是一件值得尊敬的事情，所以这个舞台既‘高大上’又要有仪式感，让观众感受到喜剧舞台的魅力”。

创作：综艺体现现实意义

对于《欢乐喜剧人》这样一档节目而言，每一个团队的创作难度都颇大，一周一次的作品呈现，也让喜剧演员殚精竭虑。在这样的创作频率和艰苦的创作条件下，这些优秀的选手能否独树一帜，不断迸发出新的火花，成为两季《欢乐喜剧人》吸引观众的核心所在。能走上《欢乐喜剧人》舞台的演员，都是中国喜剧界最活跃的演员，就像《我是歌手》舞台上的歌手，都是既有话题又有知名度的，只要登上舞台就要面对观众的期望值。

尽管有着很多困难，节目中还是涌现出不少让观众称道的好作品，特别对社会现实的反思让观众笑中带泪。

资料来源：根据百度词条“欢乐喜剧人”及《〈欢乐喜剧人〉为何从众多综艺节目中能脱颖而出》，见 http：//www.askci.com/news/chanye/20160408/1513172482.shtml 等资料整理。

问题：

1. 分析《欢乐喜剧人》的成功有哪些原因。

2. 从该案例中总结概括出市场细分、目标市场选择和市场定位的具体分析和决策步骤。

案例 2：杭州“微公交”的营销战略

在杭州的大街小巷，总是能看到标有“微公交”字样的绿白相间的电动汽车，相信不少市民都租用过。杭州“微公交”是国内首创的纯电动汽车分时租赁服务，有专家称此举将成为城市公共交通的一次革命。该服务目前已经在杭州开展，市场效果反响不错，并得到了政府部门的认可与支持。首辆纯电动“微公交”于 2013 年 7 月 29 日投入运营使用。杭州“微公交”是由世界五百强企业的浙江吉利控股集团有限公司与康迪电动汽车集团共同成立的电动汽车运营项目，目前“微公交”项目由浙江左中右电动汽车服务有限公司运营。

“微公交”在杭州落地至今已近 3 年，截至 2016 年 5 月 26 日，目前杭州已投放“微公交”16 805 辆，年底前将突破 20 000 辆。另外，系统进行了全面升级改版，已实现 APP 租车等功能。

作为电动汽车分时租赁的“元老”，“微公交”在杭城投放近 3 年来，提供了按小时租赁、日租、夜租、周租、月租等租赁形式。租赁点主要分布于科技园、商业区、接驳点及地铁站口等区域。

在车型方面，杭州市民可以租到的“微公交”共有 4 种车型，两座康迪 K10 及四座康迪 K11，续航在 80 千米～150 千米。新投入的两座全球鹰 K12 及五座全球鹰 K17，续航能力超 150 千米。

“‘微公交’不会只局限于分时租赁，会增加更多互动，把生活中的元素带到‘微公交’平台。”浙江左中右电动汽车服务有限公司董事长饶正华分享了“微公交”未来的规划。

例如：司机开启“后备箱”功能后，假设他从城西前往下沙，系统会根据行程自动派快递单，派送物件可能是鲜花等，司机能自愿选择是否接受派单，接受后将额外获得一笔收入。对于游客来说，APP 中将增加导游功能。

以往用户租车时需要到站点寻找工作人员完成租赁，今后将实现手机 APP 租车。此次改版上线的“微公交”APP，可实现站点查询、站内车辆车位查询、线上预约租还车等功能，为租车用户提供了便利。

今后“微公交”车辆将全部采用智能化管理，所有站点将实现无人值守，客户只需手机扫码便可实现 24 小时自动租还车。

资料来源：《杭州“微公交”将突破 20 000 辆 可掌上租车限时免费》，见 http：//ori. hangzhou. com. cn/ornews/content/2016－05/26/content _ 6189675. html。

问题：

1. 杭州“微公交”采用了怎样的差异营销策略？
2. 分析杭州“微公交”的市场定位战略。

市场定位图及其分析

一、市场定位图的依据

一般来说，与产品评价相关的因素有产品功能、成分、质量、价格、款式、服务等。分析消费者对产品评价最关注的因素，根据这些定位因素的不同组合，可以绘制不同的定位图。为便于分析，可以采用价格和功能两个变量组合来确定平面定位图（见图 4—1）。

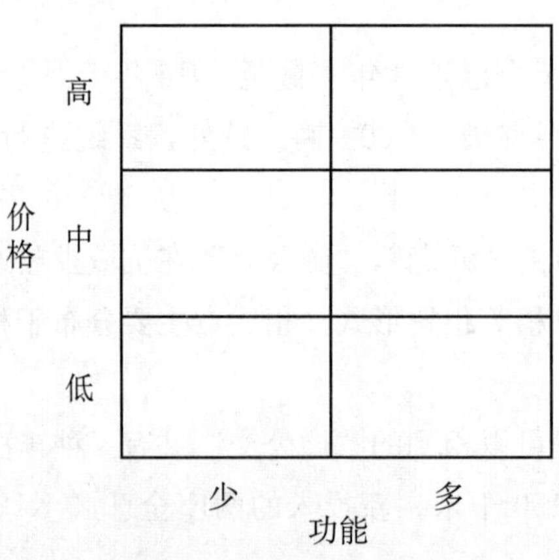

图 4—1　产品定位依据图

二、绘制市场定位图

在对竞争者调查、分析的基础上，把现有竞争者的定位情况在定位图上标示出来（见图 4—2）。

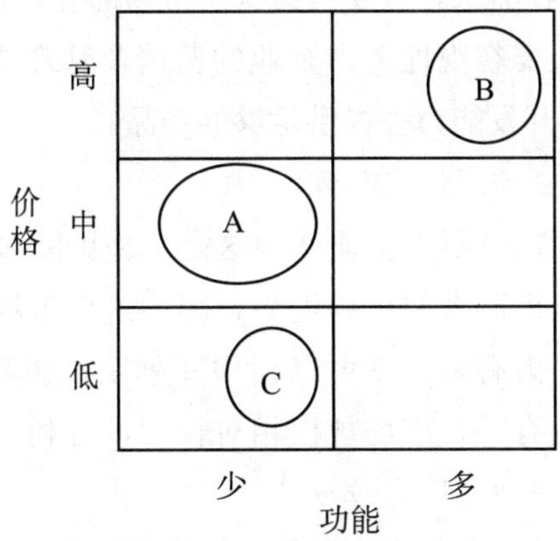

图 4—2 竞争者定位情况图

上图中三个圆圈表示三家竞争对手，A 企业生产的是中等价格、较少功能的产品，市场规模最大；B 企业生产的是高价格、多功能的产品，市场规模一般；C 企业生产的是低价格、少功能的产品，市场规模最小。

根据市场竞争状况，企业准确判定自身的竞争优势所在，选择合适的定位策略，设计基本定位方案，进行准确的市场定位。图 4—3 中，H_1、H_2、H_3 表示三种不同的市场定位方案。

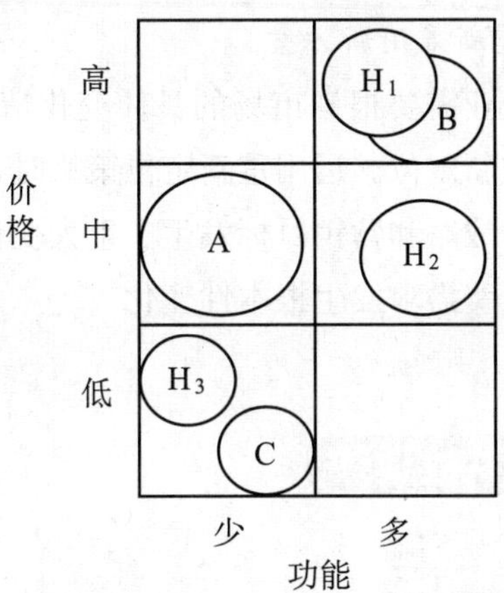

图 4—3 三种不同的市场定位方案

三、市场定位图分析

对上述市场定位图的分析结果如下：

1. 运用填补定位策略，采用 H_2 定位方案

填补定位可以使企业避开竞争，迅速在市场上站稳脚跟，并能在消费者或用户心目中迅速树立起形象。这种定位策略风险较小，成功率较高，常常为多数企业所采用。如果本

企业能以较低的成本，生产出高质量的产品，可运用填补定位策略，采用 H_2 定位方案，由于这一空白市场中没有竞争对手，企业更容易成功。

注意点：（1）研究市场空白产生的原因，是因为没有潜在的需求，还是竞争对手无暇顾及。（2）如果确定存在潜在需求，就要考虑这一市场部分是否有足够的需求规模，是否足以使企业有利可图。（3）要客观地考虑企业的营销及管理能力是否能胜任市场开发任务，自身是否有足够的技术开发能力去提供足够的产品。

2. 运用并列定位策略，采用 H_3 定位方案

并列定位有一定的风险，但不少企业认为这是一种更能激励自己奋发向上的可行的定位尝试，一旦成功就会取得巨大的市场优势，因为这个市场往往是规模最大且最有利可图的部分。如果本企业实力有限，则可以运用并列定位策略，采用 H_3 定位方案。在这一市场中，竞争对手力量有限，市场规模相对较大，有利于小企业成功。

3. 运用对抗定位策略，采用 H_1 定位方案

对抗定位的目的在于企业准备扩大自己的市场份额，决心并且有能力击败竞争者。如果市场上对优质高价产品的需求量较大，且本企业具有比B企业实力更强、能开发出更好的产品的优势，可运用对抗定位策略，采用 H_1 定位方案。

应注意在以下情况企业可以采用对抗定位策略：（1）综合实力比竞争者雄厚，综合实力是指企业在产品开发、科研、销售、筹资、广告、宣传、形象战略诸方面的实力体现。（2）企业所选择的目标市场区域已经被竞争者占领，而且不存在与之并存的可能，企业也有把握赢得市场。

4. 运用重新定位策略，重新采用新方案

在某些特定的情况下，企业需要根据市场的具体变化情况以及企业的实际定位效果，重新制定新定位方案，进行重新定位。运用重新定位策略时，企业应注意在以下情况下可采用新方案：（1）企业的经营战略和营销目标发生了重大变化；（2）企业面临十分激烈的市场竞争；（3）目标顾客的消费需求发生根本性变化。

模块5 团队项目实战训练

1. 项目任务

团队项目营销战略分析与策划，包括团队项目的市场细分、目标市场选择、市场定位与策划。

2. 步骤及要求

（1）明确组内分工；

（2）理解营销战略STP分析与策划的步骤、方法和技巧；

（3）了解所选择项目的市场、行业背景等情况；

（4）讨论分析项目；

（5）形成框架内容；

（6）选择重点、关键点；

（7）每个团队代表面对全班同学演讲，陈述本团队项目的营销战略 STP 分析与策划的思路（每组 4～5 分钟）；

（8）提交本团队项目的营销战略 STP 分析与策划书面报告（1 500 字以上）。

3. 评价与总结

（1）小组自评。

（2）小组成果展示介绍（包括组内成员的工作态度、组内合作程度、工作流程、成果质量的评价）。

（3）组间互评。

（4）教师总评。根据各组成果的优缺点，有针对性地点评，启发学生的创新思维；对各组普遍存在的问题进行重点分析；针对各组具体项目的策划提出重点要注意的问题。

一、判断题

1. 在同类产品市场上，同一细分市场的顾客需求具有较多的共同性。（　　）

2. 产品差异化营销是以市场需求为导向。（　　）

3. 市场细分标准中的有些因素相对稳定，多数则处于动态变化中。（　　）

4. 与产品生命周期阶段相适应，新产品在引入阶段可采用无差异营销战略。（　　）

5. 企业在市场营销方面的核心能力与优势会自动地在市场中得到表现。（　　）

二、单选题

1. 企业只推出单一产品，运用单一的市场营销组合，力求在一定程度上满足尽可能多的顾客的需求，这种战略是（　　）。

A. 无差异市场营销战略　　B. 密集市场营销战略

C. 差异市场营销战略　　D. 集中市场营销战略

2. 消费者市场的四个主要细分变量是（　　）。

A. 行为、利益、人口、心理　　B. 行为、心理、人口、地理

C. 时机、态度、人口、利益　　D. 气候、收入、态度、个性

3. 分析竞争对手的（　　）是竞争对手分析的第一要素。

A. 未来目标　　B. 财务目标

C. 市场优势　　D. 产品策略

4. 公司将其力量集中在几个细分市场上，通过为这些小市场上的购买者提供比竞争对手成本更低的产品或服务来战胜竞争对手，这是（　　）。

A. 总成本领先战略　　B. 集中战略

C. 差别化战略　D. 基于总成本领先的集中化战略

5. 按照人口密度划分细分市场属于（　）。

A. 人口因素标准　B. 消费行为因素标准

C. 地理因素标准　D. 消费心理因素标准

三、多选题

1. 消费者购买行为的影响因素主要有（　）四个方面。

A. 社会　B. 人口

C. 文化　D. 个人

E. 心理

2. 分析竞争对手的未来目标主要是分析竞争对手的（　）。

A. 财务目标　B. 对风险的态度

C. 对自己在市场上地位的看法　D. 现有的激励系统目标

E. 战略定位

3. 企业资源分析的内容包括（　）。

A. 人、财、物　B. 技术、管理能力

C. 市场资源、品牌价值　D. 企业资金成本

E. 供应商

4. 任何营销战略目标的制定必须注意（　）。

A. 只要财务目标就行　B. 目标必须按轻重缓急有层次地安排

C. 在可能的情况下，目标需量化　D. 公司所建立的目标水平应该切实可行

E. 公司各项目标之间应该协调一致

5. 目标市场应具备的条件包括（　）。

A. 具有一定的规模及成长潜力　B. 存在需求

C. 具有足够的吸引力　D. 符合企业的营销战略目标和资源条件

E. 人数众多

四、简答题

1. 市场细分的变量包含哪些？

2. 决定目标市场的因素包含哪些？

3. 如何实施市场定位策略？

项目五
设计营销组合策略

学习目标

理解产品整体概念和分类，掌握产品组合策略；理解新产品内涵，熟悉新产品开发程序，理解品牌和包装概念，掌握品牌与包装策略。了解影响企业定价的因素，掌握定价方法和定价策略。了解分销渠道的概念、作用和类型，了解中间商的概念和分类；了解渠道驱动因素，掌握分销渠道决策影响因素；了解促销和促销组合的概念，掌握常见促销方式及其特点。

学习要求

1. 掌握产品整体和产品组合概念；
2. 掌握新产品开发程序；
3. 掌握品牌和包装策略；
4. 掌握影响企业定价的因素；
5. 掌握定价的方法和策略；
6. 掌握分销渠道的概念、作用和类型；
7. 掌握中间商的概念和分类；
8. 掌握分销渠道决策影响因素及其设计和管理；
9. 掌握促销及促销组合的概念；
10. 掌握常见的促销方式及其特点。

能力目标

1. 能够进行新产品开发策划；
2. 能够进行品牌设计；
3. 能够选择有效的定价方法和策略；
4. 能够进行分销渠道的设计和选择；
5. 能够进行促销方式的设计和选择。

星巴克APP闹铃营销

对于许多都市白领来说，星巴克已不是陌生词汇，甚至可以称得上是他们生活的一部分。这种感同身受的品牌理念的建立，依靠的是星巴克多年来不遗余力的价值主张传达，即“星巴克出售给顾客的不仅仅是咖啡，还有人们对咖啡的独特体验”。为了深化传播这一理念，星巴克动用了情感、氛围、感官、社会等多种要素集中造势。而如今，视客户体验为使命的星巴克更是敏锐地觉察到了移动终端对于营销的移动、互动和长尾价值。

2012年8月，星巴克顺应了微信营销的大潮，开通了微信公众账号。用户通过搜索或扫描二维码就能把它加为好友，只需选择一个表情符号发给星巴克，就会即刻收到星巴克的回馈惊喜——代表不同心情的音乐。星巴克利用音乐这一世界共通的语言，成功地拉近了用户，缩短了品牌与用户之间的距离感。随着智能手机和iPad等移动终端设备的普及，人们逐渐习惯了使用APP客户端上网的方式，APP客户端的商业应用也已经初露锋芒。

具有无畏创新意识的星巴克最近推出了一款别具匠心的APP闹铃。如果你是星巴克粉丝，相信它新推出的这款early bird（早起鸟）APP能有效治愈你“起床没有动力，总是赖床误事”的“起床气”。APP用户在设定的起床闹钟响起后，只需按提示点击起床按钮，就可得到一颗星，如果能够在一小时内走进任何一家星巴克门店，就能买到一杯打折咖啡。

实际上，可千万不要小看这款APP，对于星巴克来说，它可担纲着品牌推广与产品营销的双重重任。清晨的一杯折扣咖啡，反映的正是星巴克多年来积极与用户建立对话渠道的缩影，以提醒他们从睁开眼睛的那刻便与这个品牌发生关联，同时还兼具了促销的功能。这款在用户眼中不仅好玩而且实用的APP，已成为星巴克众多案例中的经典之作，不露丝毫广告痕迹，却将品牌愿望深深地植入用户心间。

资料来源：https：//www.douban.com/note/531449229/。

请思考：

1. 案例中星巴克推出的APP闹铃，在营销方面的成功之处有哪些？

2. 企业通过移动互联APP进行品牌和产品的推广及宣传，与传统媒介相比具有哪些优势？

一、产品组合

（一）产品整体概念

资源
动画：产品整体概念

在现代市场营销学中，产品概念是一个整体概念。产品的本质是企业在商品交换活动中，为消费者提供的能满足消费者需求的所有有形或无形因素的总和。市场营销界习惯于将产品整体概念概括为核心产品、形式产品和附加产品三个层次。近年来，菲利普·科特勒等学者进一步认为，产品整体概念可以概括为核心产品、形式产品、期望产品、附加产品、潜在产品5个层次，如图5—1所示。

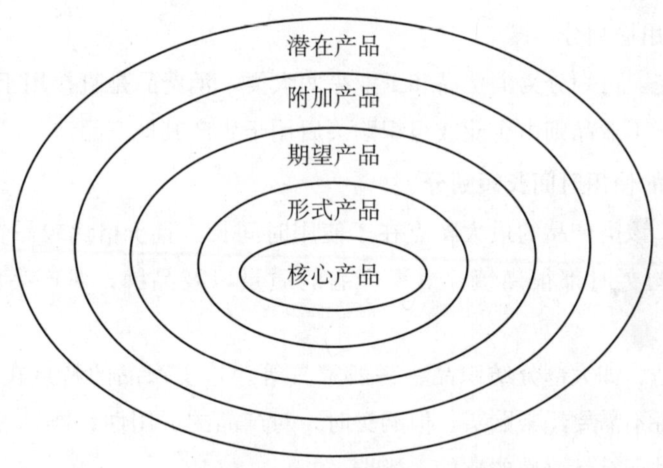

图5—1 产品整体概念

1. 核心产品

核心产品，是指消费者希望通过交换活动得到的最为核心或最为基本的效用或利益，是产品整体概念中最基本、最主要的部分。

2. 形式产品

形式产品，是指核心产品价值借以存在并传递给消费者的具体形式或外在表现形式。具体来说包括品质、式样、特征、商标、包装等。

3. 期望产品

期望产品，是指购买者购买产品时期望得到的与核心产品密切相关的一整套属性和条件。例如：旅馆的客人除希望得到“休息和睡觉”的利益外，还期望得到整洁的床位、洗浴香波、浴巾、衣橱、电话、电视、上网、安静的环境等。

4. 附加产品

附加产品也称延伸产品，是指消费者购买前三个层次产品时，附带获得的各种利益的总和，它是生产者为了满足消费者因获得前三个层次产品利益而派生出的延伸性需求而提供的产品或服务的总称。它通常包括产品说明书、保证、安装、维修、配送、技术培训等内容。

5. 潜在产品

潜在产品，是指产品最终可能的所有增加和改变的利益。它是在核心产品、形式产品、期望产品、附加产品之外，能满足消费者潜在需求的、尚未被消费者意识到，或者已经被意识到但尚未被消费者重视或消费者不敢奢望的一些产品价值，是现有产品的演变趋势和前景。

（二）产品分类

按照不同的标准，产品可划分为不同类型。

1. 按产品的用途划分

按产品的用途，可划分为消费品和工业品两大类。消费品是直接用于满足最终消费者生活需要的产品，工业品则由企业或组织购买后用于生产其他产品。

2. 按消费品的使用时间长短划分

（1）耐用品。该类产品的最大特点在于使用时间长，且价格比较昂贵或者体积较大。所以，消费者在购买时都很谨慎，重视产品的质量以及品牌，对产品的附加利益要求较高。

（2）半耐用品。如大部分纺织品、一般家具等。这类产品的特点在于能使用一段时间，因此，消费者不需要经常购买，但购买时，对产品的适用性、样式、色彩、质量、价格等基本方面会进行有针对性的比较、挑选。

（3）非耐用品。其特点是一次性消耗或使用时间很短，因此，消费者需要经常购买且希望能方便、及时地购买。生产这类产品的企业应在人群集中、交通方便的地区设置零售网点。

3. 按产品之间的销售关系划分

（1）独立产品。即一种产品的销售不受其他产品销售的影响。如钢笔与手表、电视机与电冰箱互为独立产品。

（2）互补产品。即一种产品与相关产品的销售相互依存、相互补充。一种产品销售量的增加（或减少）会引起相关产品销售量的增加（或减少）。

（3）替代产品。即两种产品之间的销售存在竞争关系。也就是说，一种产品销售量的增加（减少）会引起另外一种产品潜在的销售量的减少（增加）。

（三）产品组合策略

1. 产品组合的概念

动画：产品组合及要素

产品组合，也称产品结构或业务组合，即企业的业务范围与结构，是指企业向目标市场所提供的全部产品或业务的组合或搭配。企业应针对市场的变化，运用产品组合策略调整现有产品结构，从而寻求和保持产品结构的最优化。产品组合由产品线构成，产品线由产品项目组成。

产品线又称为产品大类。产品线可以根据产品功能上的相似、消费上具有连带性、相同的顾客群和分销渠道，或属于同一价格范围进行划分。每一产品大类中所包括的每一种产品，即产品组合中各种不同品种、档次、质量、价格或其他属性的特定产品称作产品项目。

2. 产品组合要素

通常从产品组合的宽度、长度、深度和关联度四个要素来描述企业的产品组合情况。企业的产品组合决策应从这四个方面作出决策与规划。

（1）产品组合的宽度。产品组合的宽度，是指一个企业生产经营的产品大类的多少，即拥有的产品线的数量。产品组合的宽度主要反映企业营销活动中所涉及的产品或业务面的宽窄问题。多则称之为宽，少则称之为窄。例如：某企业共经营5大类产品（见表5—1），即有5条产品线。因此，该企业产品组合宽度为5。

表5—1　产品组合举例

编号	产品线	产品项目	项目数
1	家电	电视、洗衣机、冰箱、空调、取暖器、空气净化器	6
2	数码	手机、数码相机、数码相框、录音笔、平板电脑	5
3	图书	文学、少儿、育儿、经济、计算机、外语、小说	7
4	服装	外套、风衣、针织衫、毛呢大衣、羽绒服、牛仔裤、西装、棉服	8
5	鞋类	皮鞋、雪地靴、凉鞋、运动鞋	4

（2）产品组合的长度。产品组合的长度，是指企业产品组合中包含在各条产品线中的所有产品项目的总数。产品组合的长度反映了企业营销活动中所经营的产品项目内容的多少。多则称之为长，少则称之为短。表5—1中企业经营的5大类产品中，共有6＋5＋7＋8＋4＝30个具体产品项目。因此，该企业经营的产品组合总长度为30。平均每条产品线包含30/5＝6个产品项目，因此，该企业经营的产品组合平均长度为6。

（3）产品组合的深度。产品组合的深度，是指构成企业产品组合的产品线中每一产品项目所包含的不同花色、规格的产品品种数。如某种产品有2种花色、3种规格，那么这种产品的深度就是6。企业经营的某一大类产品的花色、品种、规格和款式越齐全，则开发的深度就越大。

（4）产品组合的关联度。产品组合的关联度，是指企业各条产品线之间在生产条件、目标市场、分销渠道、最终使用等方面的相似或相近程度。产品组合的关联度影响企业生产经营管理的复杂程度，一般而言，关联度越高，管理的复杂程度越低；反之，管理的复杂程度越高。表5—1中，该企业4、5产品线关联度就比较大，但1、2、3产品线之间的关联度就比较小。

3. 产品组合策略的类型

企业可以根据其市场营销目标，对现有产品组合的宽度、长度、深度和关联度等方面进行最优决策，使其产品组合更具有竞争性和适应性，以利于市场营销业务的拓展。通常，有以下几种类型的产品组合策略供企业选择：

（1）产品组合扩大策略。产品组合扩大策略，是指企业通过拓展产品组合的宽度或增加产品组合的深度来扩大产品的经营范围。拓展产品组合的宽度就是增加产品线，以实现产品多样化。增加产品组合的深度就是在原有的产品线内增加新的产品项目，以增强企业的经营品种。

当企业预测现有产品线的销售与利润在未来有可能下降，或不足以实现企业的发展目标时就应考虑在产品组合中增加产品线，扩大产品经营范围；当企业打算增加产品特色，或为更多的细分市场提供产品时，则可通过在原有产品线增加新的产品项目来实现。此时，企业应使新增产品项目与原有产品项目要有显著的差异，以避免新旧产品自相残杀。

产品组合扩大策略有利于企业充分利用自身资源，分散市场经营风险，更好地满足不同消费者的需求，提高产品的市场占有率，改善企业的经营效果，增强企业的市场竞争力，但往往也会给企业增加市场经营管理难度。

（2）产品组合缩减策略。产品组合缩减策略与产品组合扩大策略正好相反，是指企业减少产品大类数或者减少某一产品线内的产品项目数，从而减少产品组合长度的策略。当整条产品线或产品线中的某些产品获利甚微或已无获利希望时，企业可以考虑采用此策略，以便集中资源经营那些获利大或经营前景好的产品线与产品项目。

产品组合缩减策略有利于企业集中资源改进保留的产品线或产品项目，实现企业生产经营专业化，提高经营效率，使企业纵深发展，也便于降低企业经营成本，提高市场竞争力。但随着产品组合宽度或深度的缩减，企业的市场经营风险也将增加。

（3）产品组合延伸策略。产品组合延伸策略，是指突破企业原有经营档次的范围，使产品线加长的策略。可供企业选择的产品组合延伸策略主要有向下延伸策略、向上延伸策略和双向延伸策略三种。

①向下延伸策略。向下延伸策略是指有些生产或经营高档产品的企业逐步增加一些较低档的产品。当企业生产经营的高档产品由于种种原因，无法再提高销售增长率，而且企业具备生产经营低档产品的条件，并且能最大限度地避免向下延伸带来的风险时，可以采用该策略。

②向上延伸策略。向上延伸策略是指企业原本只经营低档产品，现在逐步增加中高档产品或业务。它一般适用于以下几种情况：一是市场上对高档产品需求增加，企业现有的高档产品有较高的销售增长率和毛利率；二是企业为了追求高中低档产品齐全的、完整的产品线；三是企业想以高档产品来提升产品的市场形象。

③双向延伸策略。双向延伸策略是指原来生产经营中档产品的企业，在一定条件下，逐渐向高档和低档两个方向延伸。这种策略有利于企业丰富原有的产品组合，以适应市场上不同的消费者需求，同时利于强化企业的竞争地位。

二、新产品概念

市场营销学中的新产品，是指产品整体概念中任何一部分的创新、革新和改良，并能给市场消费者带来新的利益、新的满足的产品，不仅指技术新产品，还包括市场新产品。根据创新程度的高低，新产品可以划分为全新产品、换代新产品、改进新产品和仿制新产品四种类型。

（一）全新产品

全新产品是指应用新技术、新原理、新工艺或新材料研制出的市场上前所未有的产品。这种产品无论对企业或对市场来讲都属于新产品。全新产品的研发往往伴随着科学技术的重大进步，会对社会的发展进步、人们的生活和生产产生深远的影响。而且全新产品的研发通常需要大量的资金、先进的技术水平，并需要有一定的需求潜力，故企业承担的市场风险较大。

（二）换代新产品

换代新产品是指在原有产品的基础上，全部采用或部分采用新技术、新材料、新工艺研制出来的新产品，它使原有产品性能得到明显改进，质量得到明显提高。例如：自电视机问世以来已经经历了从黑白电视机、彩色电视机、数字电视机到智能电视机的多次演变过程。

（三）改进新产品

改进新产品是指对现有产品的质量、性能、结构、功能、款式等方面加以全部或局部改进，是产品基本的改变或改良。这类产品与现有产品差别不大，产品性能并没有本质性或革命性的突破。例如：电熨斗加上蒸汽喷雾，电视机配置遥控开关。与换代新产品相比，改进新产品更易于市场推广和被消费者接受，但容易被竞争者模仿。

（四）仿制新产品

仿制新产品是指对市场上已经出现的产品进行引进或模仿、研制生产出的产品。开发仿制新产品一般不需要太多的资金和尖端的技术，投入相对较小，风险小，但市场竞争激烈，并且企业要注意合法仿制。

三、品牌策略

（一）品牌概述

品牌是一种名称、名词、标记或设计，或是它们的应用组合，其目的是用来识别某个销售者或销售群体的产品或劳务，并使之与竞争对手的产品或劳务区别开来。

资源

动画：品牌的概念

1．品牌要素

品牌是一个集合的概念，其要素包括：

（1）名称。品牌可以直接用语言表达或称呼的部分。

（2）标志。即符号和图案，这是品牌中易于识别但不能直接用语言称呼的部分。

（3）商标。产品名称的法律界定。商标需经过国家权威机构依法定程序审核通过后才能获取，是国家依法授予企业的一种权利。

2．品牌功能

（1）识别功能。识别功能是品牌最基本、最原始的功能。它是指品牌能尽快帮助消费者找出所需要的产品，减少消费者在选购商品时所花费的时间和精力。品牌商标经国家有关部门登记注册后，成为企业形象的代号，代表着企业的经营理念、质量管理要求、企业文化、产品特色等。作为品牌，一定要形成产品视觉形象个性，要具有商标差别的特征。如果品牌在消费者心目中已形成良好的印象，则更易使消费者在种类繁多的产品中很快作出抉择。

（2）增值功能。品牌作为一种无形资产，它本身可以作为商品被买卖，在市场交换的过程中，它能为企业带来巨大的经济效益。而且随着企业规模的扩大，品牌知名度、美誉度和忠诚度的提高，品牌本身的价值也会不断提升。

（3）促销功能。品牌是企业赢得市场竞争优势的有力武器，是企业进入市场的通行证。由于品牌是产品品质、特色、档次的象征，是产品的牌子，因此易吸引消费者，实现扩大产品销售的目的。一个好的品牌名字易记易识，优美动听，也容易帮企业尽快打开市场。

3．品牌作用

（1）有利于消费者识别产品。一个产品有多种属性，但消费者一般都是通过品牌来识别这些属性。当消费者需要这些属性时，他就会直接依品牌效应而购买某品牌的产品。

（2）有利于保护企业的利益。品牌商标通过注册后，受到法律保护。如果有人非法使用，那么企业就可以通过法律途径，保护自己的合法权益不受他人侵犯。

(3) 有利于保持老客户。消费者一旦对某种产品产生偏好，就会形成品牌忠诚，会在相当长的时间内保持对这一品牌的购买选择。

(4) 有利于企业实行市场细分化战略。企业可以通过多品牌策略，对不同目标市场的产品实行不同的品牌，从而有利于市场细分化的运作。

(5) 有利于树立企业形象。品牌总是与企业形象联系在一起，良好的品牌有利于消费者对企业产生好感，当品牌与公司名称一起出现在产品包装上时，在品牌宣传的同时也在宣传企业本身。

(二) 确定品牌策略

品牌策略是企业营销策略的一项重要内容。企业围绕着品牌问题，要作出一系列的决策。常用的品牌策略主要包括品牌设计策略、品牌保护策略、品牌有无策略、品牌使用者策略、品牌统分策略和品牌延伸策略等。

1. 品牌设计策略

品牌设计既是一门科学，又具有极强的艺术性。优秀的品牌设计应该遵循以下几个方面的基本要求：

(1) 简洁醒目，易读易记。好的品牌具有自己的个性，能被消费者深深地记住和识别。

(2) 构思巧妙，富有内涵。一个与众不同、富有感召力的品牌一定是构思巧妙、内涵深刻的设计，这样的品牌会在消费者心中产生美好的愿望，消费者的个人价值、情感体验等就会很自然地在该产品中体现出来。

资源
视频：华为荣耀品牌发布

(3) 尊重习俗，规避禁忌。品牌设计必须考虑产品品牌的文化差异与文化适应性问题，并应符合目标市场相关的法律法规、条约惯例的制约与规定。

2. 品牌保护策略

(1) 及时注册。国际上对商标权的认定有两个并行的原则，即注册在先和使用在先。注册在先，是指商标的专用权属于首先申请注册并获批准的企业或个人；使用在先，是指商标的专用权属于首先使用此商标的企业或个人。我国法律对商标权的认定坚持“注册在先”的原则。因此，我国企业确定商标后，应该及时进行国内和国际注册，取得法律保护。

(2) 类似商标注册。类似商标注册，就是注册与使用相同或相似的一系列商标。具体而言，就是注册一系列文字、读音、图案相同或相近的商标，保护正在使用的商标。

(3) 跨行业品类注册。目前，我国商标注册采用的是国际上通用的商标分类法，即把商品分成 34 个大类，服务行业分成 8 个大类。同一商标可以在 42 个类别上分别申请注册。因此，为了防止他人在不同种类的产品或行业使用企业的商标，企业需要把同一品牌在不同种类的产品或行业进行商标注册。

3. 品牌有无策略

企业实行品牌化策略，即为自己经营的产品设计品牌名称和商标。对企业而言，实行产品品牌化将带来诸多好处，有利于消费者识别产品，这对于提高企业形象、提高市场占有率、培养并建立稳定的顾客群等方面具有积极的作用。但在市场营销活动中，一些企业对有些产品则实行非品牌化策略，不对其进行品牌的设计。实行无品牌策略，其主要目的是节省包装、广告费用，降低营销成本，增加销量。

4. 品牌使用者策略

（1）制造商品牌策略。制造商品牌即产品生产者自己设计、注册并使用的商标。使用制造商品牌，有利于生产者积累品牌资产，形成持续、稳定的市场竞争力。

（2）中间商品牌策略。中间商品牌策略就是谁经销使用谁的品牌。具体而言，就是生产者将自己的产品大批量销售给中间商，然后中间商使用自有品牌进行销售。

（3）制造商品牌与中间商品牌并存。有些生产者生产的产品一部分用于自有品牌销售，一部分则提供给中间商，使用中间商品牌进行销售。

（4）授权品牌。在营销实践中，有些生产者既不使用自己的品牌销售产品，也不使用中间商品牌销售产品，而是经过申请，获得一些知名品牌授权，用经过授权后的品牌进行销售。

5. 品牌统分策略

（1）统一品牌策略。统一品牌策略，即企业所有产品都统一使用同一个品牌。例如：美国通用电气公司的产品都使用“GE”这个品牌。采用统一品牌策略有利于树立企业形象，节省品牌业务管理费用，同时也利于新产品的推广。但该策略的使用风险较高，一旦某种产品出现问题，就会影响整个品牌形象，危及企业的信誉。

（2）分类品牌策略。分类品牌策略是指企业依据一定的标准将产品分类，同一类产品使用相同的品牌。该策略便于企业实行差异化营销，避免个别品牌策略的成本过高问题，克服统一品牌高风险的缺点。

（3）个别品牌策略。即企业同一类产品中的各种产品分别使用不同的品牌。例如：联合利华生产的牙膏品牌为“中华”、洗衣粉品牌为“奥妙”等。个别品牌策略具有分散企业风险，有利于企业拓展多种产品线和产品项目，开拓更广泛的市场的优势。但由于品牌众多，品牌设计与运营费用较大，不利于企业创立品牌。

（4）企业名称加个别品牌策略。企业名称加个别品牌策略，是指企业对其不同种类的产品分别使用不同的品牌，但在各种类产品品牌前仍冠以企业名称。该品牌策略既有利于新产品借助企业声誉迅速占领市场，又可使各种产品品牌的新产品保持自己相对的独立性。

（5）多品牌策略。多品牌策略，是指企业对同一种产品使用两个或两个以上的品牌。该策略的优点在于：能使企业针对不同细分市场的需要，有针对性地开展营销活动；采用此策略，各品牌之间联系松散，不会因个别产品出现问题、声誉不佳而影响企业的其他产品。多品牌策略的缺点在于：品牌较多会影响广告效果，易被遗忘。因此，多品牌策略一般适宜于实力雄厚的大中型企业。

6. 品牌延伸策略

品牌延伸策略是指企业利用其成功品牌的声誉来推出改进新产品或全新产品的策略。

（1）纵向延伸。纵向延伸，是指企业先推出某一品牌，赢得一定的市场声誉后，逐步推出新一代经过改进的该品牌产品。例如：宝洁公司在中国市场推出“飘柔”洗发水后，为满足消费者的不同需求，逐步推出不同系列的全新升级产品；汽车行业和耐用消费品行业的企业也通常会不断推出标有“XX-308”“XX-408”“XX-508”等型号的产品。

（2）横向延伸。横向延伸，是指企业把成功的品牌用于新开发的不同产品。例如：海尔集团先后向市场推出海尔品牌的冰箱、空调、电视机、计算机、手机等系列产品。

品牌延伸策略有利于新产品借助原有品牌声誉被市场消费者快速认知与接受，迅速、顺利地进入市场，节省了市场推广费用。但品牌延伸可能淡化甚至损害品牌原有的形象，使品牌的独特性被逐步遗忘。因此，企业应谨慎实施品牌延伸策略。

四、包装策略

（一）包装的概念

产品包装是形式产品的重要组成部分，通常是指产品的容器、包装物及其设计装潢。包装在营销活动中的作用表现为保护产品、方便使用、促进销售、方便储运。产品包装主要包括内包装、外包装和储运包装三个方面。

动画：产品包装概念

1. 内包装

内包装，也称使用包装，是指包装产品的直接容器或器物。其作用主要是方便消费者的消费与使用。

2. 外包装

外包装，也称销售包装，是指能起到保护内包装、方便销售和促进销售作用的包装物，如酒瓶外的包装纸盒。这部分包装一般在消费者购买商品后、使用商品前随即被扔掉。

3. 储运包装

储运包装，是指产品储存和运输过程中所使用的包装物。

（二）包装的作用

包装的作用包括：

（1）保护商品。即保护商品质量安全和数量的完好无损，这是商品包装的最原始、最基本的目的。

（2）便于运输、携带和储存。

（3）便于使用。适当的包装可以起到便于使用和指导消费者的作用。

（4）美化商品，促进销售。产品采用包装后，首先进入消费者视线的往往不是产品本身，而是包装。能否引起消费者的兴趣和激发购买动机，在一定程度上取决于产品的包装，因而包装成了“无声推销员”，能促进产品的销售。

（5）增强竞争力。通过产品包装，不仅使消费者易于识别，还可以与竞争者的同类产品有所不同，不易仿制和伪造，有利于维护企业信誉，增强企业竞争力，提高经济效益。

（6）增收节支。首先，在运输过程中，包装能减少损坏、变质等情况，减少损耗，从而减少支出，增加利润；其次，在销售过程中，由于可以刺激消费者的消费，使销售量增加，进而增加利润。

（三）包装策略的类型

企业营销活动中常用的包装策略有以下六种：

1．统一包装策略

统一包装策略，是指企业对自己生产经营的所有产品采用统一的包装模式，即在颜色、图案、造型等方面采取相同或相近的特征，使人一看便联想到这是同一企业的产品。其优点是：可以统一形象，节约成本。其缺点是：容易对优质产品产生不良影响。因此，它适用于质量水平相近的产品，而对于不同种类、不同档次的产品一般不宜采用这种包装策略。

2．组合包装策略

组合包装策略，是指企业把若干在消费上有关联的产品包装在一个特制的包装物中销售。例如：化妆品的组合包装、节日礼品包装等，都属于这种包装策略。其优点是：既便于消费，又可扩大销路。其缺点是：如果商品组合搭配不当，容易引起消费者的反感。

3．附赠品包装策略

附赠品包装策略，是指在包装物中附赠一些物品的包装策略。其优点是：既能激发消费者的购买兴趣，又能诱发消费者重复购买的欲望。例如：在珍珠霜盒里放一颗珍珠，顾客购买一定数量本产品之后，就能串成一条项链。

4．再使用包装策略

再使用包装策略，是指包装物在产品使用完后，可以回收再用或挪作他用的包装策略。其优点是：可以使购买者得到一种额外的产品价值，从而激发其购买欲望。

5．分档包装策略

分档包装策略，是指企业对同一种产品，根据消费者的不同需要，采用不同档次的包装的策略。若用作礼品，则可以精致地包装；若自己使用，则只需要简单包装。此外，对不同等级的产品，也可采用不同包装。高档产品的包装应追求精致，以彰显产品的品质；中低档产品的包装应相对简单些，以降低产品成本。

6. 更新包装策略

更新包装策略，是指企业改变原来的包装的策略。其优点是：企业可以在改进产品质量的同时，改变产品的包装形式，从而以新的产品形象出现在市场上，以迅速恢复企业声誉，重新扩大市场份额。

五、影响定价的因素

价格是市场营销组合策略中十分敏感的因素，定价是否恰当直接关系到顾客对产品的接受程度，影响企业产品的销售量和盈利水平。因此，价格策略是企业营销策略中最富有灵活性和艺术性的策略。影响企业定价的因素是多方面的，但大致可以将其分为企业内部因素和企业外部因素两大类（见图 5—2）。

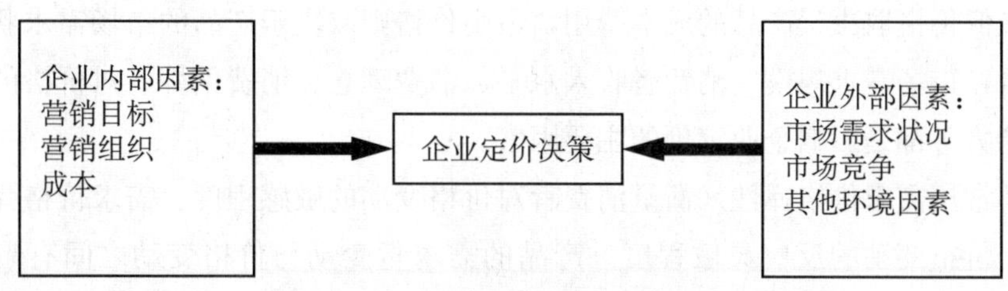

图 5—2　影响企业定价决策的因素

（一）成本因素

企业产品的生产成本、营销费用是影响企业定价的主要因素。成本是产品价格的最低界限，产品的价格必须能补偿产品生产、分销、促销过程中发生的所有支出，并且要有所盈利。一般来说，产品的成本越低，其价格就越低，市场需求机会就越多。从长期来看，只有在企业产品的市场销售价格高于产品成本的情况下，企业才能得以持续生存与经营。

根据产品定价需要，可以从不同角度对产品成本进行分析：

（1）固定成本。固定成本是指在一定时期内不随产品产量变化而变化的成本费用。如固定资产折旧费、产品设计费、管理人员工资以及办公费等。这些费用与产品产量的多少无关。但从长期来看，当企业规模变化时，固定成本也是会变动的。平均固定成本，即单位产品所分摊的固定成本，则随产量变动而变化。

（2）变动成本。变动成本是指在一定时期内随产品产量的变动而成比例变动的成本费用。如原材料费用、生产工人工资、销售费用等。平均变动成本，即单位产品的变动成本，它不会随产量变动而变动，在一定的时间范围内保持相对稳定。

（3）总成本。固定成本与变动成本之和就是总成本。平均固定成本与平均变动成本之和称为平均总成本或产品完全成本。企业在定价时，依据不同的成本，可能定出不同的价格或作出不同的决策。这些成本中，平均变动成本更适合作为价格决策的依据。而平均总成本则适用于核算企业的实际收益或利润。这些成本各自有其不同的作用。

（4）边际成本。即在原有产量基础上，产品产量每变动一个单位（增加或减少一个单位），所引起的总成本的变动额（增加额或减少额）。企业研究边际成本的最大意义在于寻求最大利润的均衡产量和价格。企业可以根据边际成本等于边际收入的原则，确定最佳产量和最佳价格。

（5）机会成本。企业可能要为从事某项经营活动而放弃另一项经营活动，或利用一定资源获得某种收入而不得不放弃另一种收入。那么这个被放弃的经营活动所应取得的收益，即正在从事的经营活动的机会成本。分析机会成本对于企业在经营中正确选择经营项目、合理配置有限资源具有重要意义。

（二）需求因素

产品最低价格取决于产品的成本费用，最高价格则取决于产品的市场需求状况。从需求方面来看，市场需求规模、消费者收入水平、消费理念、消费偏好、对价格的敏感程度以及议价能力等都是影响企业定价的主要因素。

我们通常用需求价格弹性来衡量消费者对价格变动的敏感程度。需求价格弹性表明了需求量对于价格变动的反应灵敏程度。产品的需求量变动与价格变动之间有着密切的关系。但是对于不同类型的产品，价格变动对需求量变动的影响程度有着极大的差异，即这些产品的需求价格弹性不同。需求价格弹性的大小，可以根据需求价格弹性系数来测定。需求价格弹性系数反映了单位价格变动导致的需求量变化的量。如果用 E 来表示需求价格弹性系数，则其计算公式为：

$$E=\frac{\Delta Q/Q}{\Delta P/P}=\frac{\Delta Q}{\Delta P}\cdot\frac{P}{Q}$$

式中：ΔQ——需求量的变动量；

Q——需求量；

ΔP——价格的变动量；

P——价格。

一般而言，$|E|<0$ 时，说明价格与需求量的变化方向是相反的；$|E|>1$ 时，表明价格弹性大；$|E|<1$ 时，表明价格弹性小。

对于需求价格弹性大的产品，可通过降低价格来扩大销售量，增加销售收入。对于需求价格弹性小的产品，降低价格使其销售量增加的幅度较小，提高价格使销售量减少的幅度也较小，提高价格可以增加销售收入。

此外，在市场营销活动中，顾客的议价能力或价格谈判能力对企业产品交易价格的形成有很大影响。一般来说，顾客的议价能力是众多因素综合作用的结果。这些因素主要有：顾客购买量的大小、企业产品的性质、顾客趋向一体化的可能性、企业产品在顾客心中的重要性、顾客寻找替代品的可能性等。

（三）市场竞争状况

市场竞争状况包括两个方面：

1．市场供求状况

商品价格与商品的供求状况有密切的关系，商品的供求推动价格的变化。一般而言，在市场供给不变的条件下，市场对商品的需求上升则商品的价格上涨，市场对商品的需求下降则商品的价格下降；商品供给增加则商品的价格下降，供给减少则商品的价格上升。另外，商品价格也同时推动市场供求关系发生变化。一般情况下，价格上升则需求减少，供给增加；价格下降则需求增加，供给减少。

2．市场结构

在市场经济条件下，市场结构不同，即企业及其产品在市场上的竞争状况不同，企业的定价策略也不同。根据市场竞争程度的具体因素，可以把市场结构划分为完全竞争市场、垄断竞争市场、完全垄断市场和寡头垄断市场四种类型。

在完全竞争市场中，买卖双方都是价格的接受者，价格完全由市场供求关系决定；在完全垄断市场中，垄断企业完全操纵市场，有自由定价的能力。在现代市场竞争中，比较接近现实的市场形态是垄断竞争。在垄断竞争的市场条件下，各个企业依靠自己的特色，各占据一方市场，形成相对的垄断，这使企业具有一定的价格控制能力。在这种情况下，企业已不是一个消极的价格接受者，而是一个对价格有影响力的决定者。在寡头垄断市场条件下，产品的市场价格不是通过市场供求决定的，而是由几家大企业通过达成协议或默契来规定的，即操纵价格或形成价格联盟。

（四）企业营销目标

企业营销目标是指企业希望通过制定产品价格所要达到的预期目的。它是企业选择定价方法和制定价格策略的依据。不同行业的企业、同一行业的不同企业以及同一企业在不同的发展阶段都可能有不同的营销目标。通常，企业的营销目标大致有以下几种：

1．维持企业生存

当企业生产能力过剩、面临激烈的市场竞争或试图改变消费者需求时，企业可以把维持企业生存作为主要的营销目标。此时，企业的价格策略主要是保本价或低价，有时为了避免更大损失，甚至可以使售价低于成本。这种目标只能是企业面临困难时的短期目标，长期目标仍然是要获得发展，否则企业终将破产。

2．当期利润最大化

当期利润最大化就是企业将实现利润最大化作为其本期的经营目标。实现当期利润最大化的价格是总收入尽可能大于总成本的价格。企业希望以最快的速度收回投资并获取最大利润，往往会制定一个较高的产品价格。一般而言，对于需求价格弹性较大的产品能够做到薄利多销，企业可以制定较低的价格，以实现利润最大化；对于需求弹性较小的产品，则可以通过高价策略实现当期利润最大化。

3. 市场占有率最大化

有些情况下，企业试图通过价格策略的实施获得某一商品最高的市场占有率，以赢得某一商品绝对的竞争优势，从而实现最低成本和最大长期利润的营销效果。在此情况下，企业一般制定尽可能低的价格来追求市场占有率的领先地位。

一般而言，当企业以市场占有率最大化为目标时，需要具备的条件是：该产品需求价格弹性较大，产品销量会随着价格的降低而快速增加；该产品的生产或销售规模经济效益明显，产品成本会随着销量的增加而下降，利润会因销量的增加而上升；企业有足够的实力承受短期内低价所造成的经济损失；低价能阻止现有的或可能出现的竞争对手。

4. 应付和防止竞争

有些企业为了阻止竞争对手进入自己的目标市场，故意将产品的价格定得很低。这种定价目标一般适用于实力雄厚的大企业。有些中小企业在激烈的市场竞争中，为了维持自己的市场地位，跟随市场主导企业的降价行为，也实施降价策略，从而消除竞争对手降价对自己造成的威胁。

5. 产品质量最优

如果企业以高端市场作为自己的目标市场，就需要实行优质高价策略，以高价来保证高质量产品的研究开发成本和生产成本。实施这一定价目标的企业，其产品一般都在消费者心目中享有一定声誉，企业可利用消费者的求名心理，制定一个较高的产品价格。

（五）其他环境因素

在设定价格时，企业还必须考虑外部环境中的其他因素。经济条件对企业的定价策略有很大影响，如经济增长和衰退、通货膨胀和利率等因素会影响产品的生产成本以及消费者对产品和价值的看法。企业制定价格时，应该考虑给销售商带去可观的利润，以激励其对企业产品的支持，并帮助他们有效地销售产品。营销人员需要了解影响价格的政府法律法规，并确保自己的定价决策具有可辩护性。同时在制定价格时，企业的短期销售、市场份额和目标利润必须服从于整个社会的需要。

六、定价方法

常见的定价方法有成本导向定价法、需求导向定价法和竞争导向定价法。

（一）成本导向定价法

成本导向定价法是一种以产品的完全成本为基础、按卖方意图确定价格的方法。其主要理论依据是：企业在定价时，首先要考虑收回企业在生产经营过程中投入的全部成本，然后考虑取得一定的利润。

成本导向定价法主要有以下三种具体的定价方法。

1．加成定价法

加成定价法的计算方法包括成本加成定价法和售价加成定价法两种。

成本加成定价法是加成定价法中较简单的一种。其计算方法是在单位产品成本上加一定比例的预期利润。计算公式为：

$$P=C(1+R)$$

式中：P——产品价格；

C——单位产品成本；

R——加成率。

售价加成定价法是以产品的最后销售价格为基数，按销售价格的一定比率来计算加成，然后得出产品的价格。计算公式为：

$$P=C/(1-R)$$

式中：P——产品价格；

C——单位产品成本；

R——加成率。

例如：西门子公司生产的某型号的冰箱，其单位成本为 2 200 元/台，加成率为 40%，如采用成本加成定价法，则每台冰箱价格为 2 200×(1+40%) =3 080元；如采用售价加成定价法，则每台冰箱价格为 2 200÷(1−40%) =3 666.67元。

2．目标利润定价法

这是一种根据企业所要实现的利润来确定产品价格的方法。这种方法一般是运用盈亏平衡点，反映不同销售量的总成本和总收入。并通过分析销售量、固定成本、单位变动成本、目标利润、价格之间的内在关系，确定出能够实现目标利润的价格。其计算公式为：

$$P=V+(F+G)/Q$$

式中：P——产品价格；

V——单位变动成本；

F——固定成本；

G——要实现的目标利润；

Q——预期销售量。

例如：某企业固定成本为 100 万元，单位产品的变动成本为 20 元，企业的目标利润定为 50 万元，如果企业的产品销售量能达到 50 000 件，产品的价格应定为多少？

根据已知条件，当销售量达到 50 000 件时，产品价格必须达到 40 元才能实现盈亏平衡，因为这时的总收入恰好等于总支出。在产品销售量不变的情况下，只能通过提高价格来实现目标利润。根据上面给定的价格计算公式，产品价格应定为：

$$P=V+\frac{F+G}{Q}=20+\frac{1\ 000\ 000+500\ 000}{50\ 000}=50\text{（元）}$$

采用目标利润定价法进行定价的关键是能否实现预期销售量，而预期销售量的实现，要受到产品的需求价格弹性和竞争者产品价格的制约。因此，在采用这一方法时，首先，应明确所要实现的目标利润是多少；然后，根据产品的需求价格弹性考虑各种价格水平对产品销售量的影响；最后，将价格定在切实能够使企业目标利润得以实现的水平上。

3. 投资收益定价法

这种定价方法的出发点是通过定价来达到一定的投资收益率，以期在一定时期内收回全部投资。其基本步骤如下：

（1）确定投资收益率。计算公式为：

投资收益率＝（1/投资回收年限）×100％

（2）确定目标利润额。计算公式为：

目标利润额＝总投资额×投资收益率

（3）预测每年的总成本。计算公式为：

总成本＝固定成本＋变动成本

（4）确定预期的每年销售量。

（5）确定产品价格。计算公式为：

产品价格＝（总成本＋目标利润额）/预期销售量

例如：某企业投资 100 万元开发生产某种新产品，预期年销售量为 5 万件，每年总成本为 20 万元，期望在 5 年内收回投资，则：

投资收益率＝（1/5）×100％＝20％

目标利润额＝1 000 000×20％＝200 000（元）

产品价格＝（200 000＋200 000）/50 000＝8（元）

一个新投产的企业往往会把投资回收作为生产经营中最重要的目标，即使是老企业，有时在科研和新产品的开发上花费了巨额投资，当新产品投入市场后，企业首先考虑的也是投资回收问题。所以，这种定价方法常为一些大型企业和一些关系国计民生的公用事业单位所采用。

（二）需求导向定价法

需求导向定价法，是指依据买方对产品价值的感受和需求强度来定价，而不是依据卖方的成本来定价的方法。其定价的指导思想是首先通过研究市场需求确定产品价格，然后减去目标利润，以进一步确定企业成本控制的目标。常用的需求导向定价方法有以下两种：

1. 感受价值定价法

感受价值，又称认知价值或理解价值，是指买方在观念上所认同的价值，而不是产品的实际价值。当产品的价格水平与买方对产品价值的理解和认识水平大体一致时，买方就会接受这个价格。反之，买方就不会接受这个价格，产品就卖不出去。因此，卖方可运用优美的装潢、幽雅的环境、高质量的服务等各种营销策略和手段，影响买方的感受，使之形成对卖方有利的价值观念，然后根据产品在买方心目中的价值来定价。例如：在便利店或超市内，一罐可口可乐的零售价格不过3元左右，而在高档餐厅则要付10元甚至更多，这就是由于环境、气氛、服务等因素提高了产品的附加值，使顾客愿意支付那么多。

感受价值定价法的关键是找到比较准确的感受价值，否则，定价过高或过低都会给企业造成损失。如果定价高于顾客所感受的价值，产品就无人问津，销量就会减少；如果定价低于顾客所感受的价值，又会使企业收入减少，也有可能使消费者不屑一顾，产品卖不出去。这就要求企业在定价前认真做好营销调研工作，将自己的产品与竞争者的产品仔细比较，从而对感受价值作出准确估测。

2. 需求差异定价法

需求差异定价法是指企业根据市场需求，以时间、地区、数量、消费水平及消费心理等方面存在的差异为定价基本依据来确定产品价格，以满足不同需求，促进产品销售。需求差异定价法主要有以下几种形式：

（1）按顾客差异定价。即同一种产品以不同价格销售给不同的顾客群。例如：工业用电和居民用电的电价不同，成人乘坐火车与学生、儿童的票价不同，同一种产品卖给批发商、零售商和消费者的价格不同。

（2）按地区（场所）差异定价。即同一种产品以不同价格卖给不同地区、不同地点、不同场所的顾客。例如：国内机场的商店、餐厅向乘客提供的商品价格普遍要远高于市内的商店、餐厅。

（3）按时间差异定价。即同一种产品的价格随时间的不同而变化。例如：旅游业在淡旺季定价不同，长途电话在不同时间段收费不同，机票在白天和晚上、工作日和周末价格不同等。

在实际生活中，实行需求差异定价要具备一定的前提条件：①市场能够根据需求强度的不同进行细分；②细分后的市场在一定时期内相对独立，互不干扰；③高价市场中不能有低价竞争者；④价格差异适度，并能获得社会公众的认可。

（三）竞争导向定价法

竞争导向定价法，是指根据市场上相互竞争的同类产品价格为定价基本依据，并随竞争状况的变化确定和调整价格水平的定价方法。竞争导向定价法主要有以下几种形式：

1. 随行就市定价法

随行就市定价法，是指企业按照行业的平均现行价格水平来定价的方法。不论市场结构是完全竞争市场，还是寡头竞争市场，随行就市定价法是同质产品市场的惯用定价方法。在完全竞争市场中，销售同类产品的各个企业在定价时实际上没有多少选择余地，只能按照行业的现行价格来定价。某企业如果把价格定得高于市价，产品就卖不出去；反之，如果把价格定得低于市价，也会遭到降价竞销。在寡头竞争市场中，只有少数几家大公司，彼此十分了解，购买者对市场行情也很熟悉，因此，如果各大公司的价格稍有差异，顾客就会转向价格较低的企业。

2. 密封投标定价法

密封投标定价法是买方引导卖方通过竞争确定价格从而达成交易的一种定价方法，通常用于建筑工程、大型设备制造、政府大宗采购等。一般是由买方公开招标，卖方竞争投标，密封递价，买方按照物美价廉的原则择优选取，到期公布中标者名单，中标的企业与买方签约成交。

3. 拍卖定价法

拍卖定价法一般用于文物、古董、旧货等物品，因为这些物品的成本与价值都难以确定。在拍卖时，顾客根据自己对被拍卖的物品的爱好和需求程度报出自己愿意支付的价格，大家互相竞争，价格可能越抬越高。到最后无人愿意再提高价格时，该物品即按已报出的最高价格卖出。

七、定价策略

定价策略具体包括新产品定价策略、地区定价策略、心理定价策略和折扣定价策略。

（一）新产品定价策略

新产品定价策略，是指处于介绍期的产品价格的确定策略，主要有撇脂定价、渗透定价、满意定价三种策略可供选择。新产品定价合理与否，关系到企业能否及时打开销路、占领市场并获得预期利润，对于新产品以后的发展具有十分重要的意义。

> 资源
>
> 动画：新产品定价策略

1. 撇脂定价策略

撇脂定价策略是指企业在新产品上市之初制定的价格远远高于产品成本，以期短期内获取高额利润，犹如从牛奶中撇走奶油一样。以后，随着销量和产量的扩大、成本的降低，再逐步降低价格。

从市场营销实践来看，撇脂定价策略往往需要具备以下几个前提条件：（1）企业的产品质量与所定的高价格相符合；（2）新产品要有足够多的购买者能接受这种高价并愿意购买；（3）企业产品在市场上具有差异化优势，竞争者在短期内很难进入该产品市场；（4）企业的生产能力有限，难以应付市场需求，用高价限制市场需求。

2. 渗透定价策略

渗透定价策略是指企业为新产品制定一个较低的价格，以吸引大量顾客购买，在短期内迅速占领市场，取得较大的市场份额，同时用低价优势阻止新竞争者进入市场。但渗透定价策略不利于企业尽快收回投资，会阻碍产品价格将来的上涨，有可能使顾客形成产品低价低质的印象，不利于企业塑造产品形象。

采用渗透定价策略也需具备一定的前提条件：（1）顾客对产品的价格非常敏感，产品的价格弹性较高，低价会刺激需求增长；（2）企业能采用大量生产方式生产该产品，并且随着销售量的增加，产品的平均成本降低，即具有规模效应；（3）企业产品存在较大的潜在竞争因素，采用低价能有效阻止现有竞争对手和潜在竞争对手进入新产品市场；（4）新产品的潜在市场需求量非常大。

3. 满意定价策略

满意定价策略，又称温和定价策略，是指企业为产品制定不高不低的价格，既能对消费者产生一定的吸引力，又能使企业弥补成本后还有盈利，使企业和消费者双方都感到满意的一种定价策略。它是介于撇脂定价策略和渗透定价策略之间的一种定价策略。这种策略既可以避免撇脂定价因高价带来的风险，又可消除渗透定价因低价引起的企业生产经营困难。因此，既能使企业获取适当的平均利润，又能兼顾消费者利益。当企业不存在适合采用撇脂定价策略和渗透定价策略的环境时，通常会采用此定价策略。但此策略较为保守，容易使企业造成高不成低不就的局面，失去高额利润或市场机会。

（二）地区定价策略

1. FOB 原产地定价

FOB原产地定价，是指顾客按照出厂价购买某种产品，企业只负责将这种产品运到产地某种运输工具（如火车、船舶、飞机、卡车等）上交货。交货后，从产地到目的地的一切风险和费用均由顾客承担。这种定价策略的优点是价格统一，但由于顾客与产地距离不同会产生不同的费用，远距离的顾客有可能就不愿意购买，而选择购买其附近企业的产品。

2. 统一交货定价

统一交货定价，是指企业对于卖给不同地区顾客的某种产品，都按照相同的出厂价加相同的运费（按平均运费计算）定价。也就是说，对全国不同地区的顾客，不论远近，都实行统一价格。这种定价策略简便易行，有利于争取较远区域的顾客。

3. 分区定价

分区定价，是指企业把全国（或地区）分为若干价格区，对于卖给不同价格区顾客的某种产品，分别制定不同的地区价格。距离企业远的价格区的价格定得较高，而距离企业近的价格区的价格定得较低。在各个价格区范围内实行统一价格。采用分区定价的方式有可能会出现窜货现象，加大中间商管理难度。

（三）心理定价策略

产品定价不仅要考虑经济因素，而且需要分析心理因素。企业定价时可以利用消费者不同的心理需要和对不同价格的感受，有意识地采取多种价格形式，以促进销售。常见的心理定价策略有以下几种：

1. 尾数定价策略

尾数定价，又称零头定价，即利用顾客对数字认识上的某种心理，在价格的尾数上做文章，定价时故意保留小数点后的尾数。尾数定价策略可以增强购买者的信任感，同时还可使人感觉价廉。例如：本应定价 1 000 元的商品定成 998 元，本应定价 80 元的商品定成 79.9 元。这种方法多用于需求价格弹性较大的中低档商品。

2. 声望定价策略

声望定价，是指企业在制定价格时，把在顾客心目中有声望的商店或企业所销售的商品的价格定得比一般的商品要高一些，这是根据消费者对某些品牌的商品、商店或企业的信任心理而采用的定价策略。

声望定价策略尤其适用于产品质量不易鉴别的产品。由于顾客不容易区别不同品牌产品的质量，就会以品牌及价格来决定取舍，认为知名企业生产销售的产品的质量理所当然会比较好，即使价格较高也会乐意购买。

3. 招徕定价策略

招徕定价，是指企业利用顾客求廉的心理，特意将某几种商品定低价（低于正常价格，甚至低于成本），以此来吸引顾客，从而带动其他产品的销售。例如：利用节假日和换季时机举行“酬宾大减价”等活动，把部分商品按原价打折出售。企业在采用招徕定价策略时应注意，作为招徕顾客的“引子”产品，一般应为受到顾客喜爱的畅销产品，否则起不到吸引顾客的作用。

4. 习惯定价策略

有些商品在顾客心目中已经形成了一个习惯价格。这些商品的价格稍有变动，就会引起顾客不满。当这些商品提价时，顾客容易产生抵触心理；降价时，会被认为降低了质量。因此，对于这类商品，企业宁可在商品的内容、包装、容量等方面进行调整，而轻易不会调整价格。

（四）折扣定价策略

折扣定价是指企业根据产品的销售对象、成交数量、交货时间、付款条件等因素，对基本价格作出一定的让步，给予不同价格折扣的一种价格策略。其实质是一种减价策略，其目的在于通过直接或间接降低价格，鼓励消费者购买，进而扩大销量。常见的折扣定价方式有以下几种：

1. 数量折扣

数量折扣是指按购买数量的多少，分别给予不同的折扣，购买数量越多，折扣越大。其目的是鼓励大量购买，或集中向企业购买。运用数量折扣策略的难点是如何确定合适的折扣标准和折扣比例。如果享受折扣的数量标准定得太高，比例太低，则只有很少的顾客才能获得优待，绝大多数顾客将感到失望；如果享受折扣的数量标准定得过低，比例不合理，又起不到鼓励顾客购买和促进企业销售的作用。因此，企业应结合产品特点、销售目标、成本水平、企业资金利润率、需求规模、购买频率、竞争者手段以及传统的商业惯例等因素来制定科学的折扣标准和比例。

2. 现金折扣

现金折扣是对在规定的时间内提前付款或用现金付款者所给予的一种价格折扣。其目的是鼓励顾客尽早付款，加速资金周转，降低销售费用，减少财务风险。采用现金折扣策略时，一般要考虑三个因素：折扣比例、给予折扣的时间限制、付清全部货款的期限。

提供现金折扣等于降低价格，因此企业在运用这种手段时，要考虑商品是否有足够的需求弹性，保证通过需求量的增加使企业获得足够利润。此外，由于我国的许多企业和消费者对现金折扣还不熟悉，运用这种手段的企业必须结合宣传手段，使购买者更清楚自己将得到的好处。

3. 功能折扣

中间商在产品分销过程中所处的环节不同，其所承担的功能、责任和风险也不同，企业据此给予不同的折扣称为功能折扣。对生产性用户的价格折扣也属于一种功能折扣。功能折扣的主要目标有：(1) 鼓励中间商大批量订货，扩大销售，争取顾客，并与生产企业建立长期、稳定、良好的合作关系；(2) 对中间商经营的有关产品的成本和费用进行补偿，并让中间商有一定的盈利。

4. 季节折扣

有些商品的生产是连续的，而其消费却具有明显的季节性。为了调节供需矛盾，这些商品的生产企业便采用季节折扣的方式，对在淡季购买商品的顾客给予一定的优惠，使企业的生产和销售在一年四季能保持相对稳定。例如：啤酒生产厂家对在冬季进货的商业单位给予大幅度让利，羽绒服生产企业则为夏季购买其产品的客户提供折扣。

企业在确定季节折扣比例时，应考虑成本、储存费用、基价和资金利息等因素。季节折扣有利于企业减轻库存，加速商品流通，迅速收回资金，能够促进企业均衡生产，充分发挥生产和销售潜力，避免因季节需求变化所带来的市场风险。

八、分销渠道

(一) 分销渠道的概念

分销渠道，又称销售渠道、分配渠道、流通渠道。简单来说，分销渠道就是产品在其所有权转移的过程中从生产领域进入消费领域的途径。分销渠道一般是由处于渠道起点的制造商、处于渠道终点的消费者，以及处于制造商与消费者之间的经销商和代理商等营

> **资源**
> 动画：分销渠道及类型

销中介构成的。

（二）分销渠道的作用

分销渠道的作用包括以下几方面：

1．加速商品流通，为生产者开拓广阔的市场

企业的发展、壮大导致企业目标市场的范围不断扩大，使得大部分生产企业囿于资源和能力所限，并不是将产品全部直接销售给最终消费者或用户，而是借助一系列中间商，即分销渠道来完成。企业只有合理地选择和利用分销渠道，才能低成本、高效率地将产品销售给消费者和用户，通过满足他们的需要来使商品的价值得以实现，从而使企业的生产经营活动能够获得进一步发展的基础和保障。

2．提高生产企业市场营销活动的效率

如果离开中间商构成的分销渠道的支持，由生产企业直接将产品销售给顾客，产品生产企业将会陷入繁重的购销交易工作之中，其复杂程度是难以想象的。分销渠道的存在则可以大大提高生产企业营销活动的效率。

3．反馈市场信息，有助于企业进一步调整生产经营行为

对于生产企业来说，分销渠道不仅是将产品输送给消费者的工具，而且要承担反馈市场信息的职责，要很好地实现市场信息反馈的功能。合理、有效的分销渠道将使企业及时、准确地获得相关的市场信息，从而为下一阶段的生产计划调整提供依据；分销渠道选择不当，市场信息不能及时反馈或出现变形、失真，将给企业的生产经营决策造成不良影响，以致使企业蒙受巨大的经济损失和声誉损失。

（三）分销渠道的特征

（1）每一条分销渠道的起点都是产品生产企业，终点则是那些在生活消费或生产消费中使用产品的消费者或用户。

（2）分销渠道是一些相关经营组织和个人的组合，如生产者、各种代理商、批发商、零售商等。只有通过这些组织和个人的共同努力才能使商品从生产者流向最终消费者。这些组织和个人担负着不同的营销职能，为追求共同的经济和社会利益结成伙伴关系，同时也会因各自独立的经济利益而发生矛盾和冲突，需要进行总体的管理和协调。

（3）在商品从生产企业向最终消费者或用户流动的过程中，商品的所有权也要发生转移。商品所有权转移的次数取决于流通过程中间环节的多少，所有权转移的形式取决于中间商的类型。

（4）在产品的分销过程中，产品所有权的有效转移还要受到产品信息沟通、货币转移方式等因素的影响，产生相应的资金流、信息流等活动形式。

(四) 分销渠道的类型

按照不同的标准，分销渠道可划分为不同的类型。

1. 直接渠道和间接渠道

根据产品在流通过程中是否有中间商的介入可以划分为直接渠道和间接渠道。

(1) 直接渠道。直接渠道也称直销渠道，是指在商品流通过程中没有任何中间商的介入，生产者直接将产品或服务销售给最终用户。直接渠道的主要形式有：上门推销、邮寄销售、电视销售、电话销售、厂家直销店、展销会、网上销售等。

直接渠道具有以下优点：(1) 对于用途单一、技术复杂的产品，可以有针对性地按照顾客的要求安排生产，更好地满足顾客的需求；(2) 可以加强生产企业与顾客之间的沟通，便于产品信息和顾客信息的及时、顺畅传递；(3) 由于没有中间环节，可以减少商品的流通时间以及产品损耗，使产品价格更具有优势。

直接渠道的不足表现在：生产企业必须承担销售所需的全部人力、物力和财力，在市场相对分散的情况下会给企业带来沉重负担。更重要的是，失去了中间商在销售方面的协作，产品价值的实现增加了难度，目标顾客的需求难以得到及时满足。

(2) 间接渠道。间接渠道是指生产者利用各种不同类型的中间商，包括代理商、批发商、零售商等把产品销售给消费者或用户的分销渠道。

间接渠道比较突出的两个优点是节约交易成本和增强营销能力。首先，生产者可以利用中间商所具有的集中、平衡和扩散的功能，使交易次数减少，商品销售简单化，大大节省花费在销售上的人力、物力和财力。其次，中间商具有庞大的销售网络，能收集大量的信息，掌握市场动态，生产者可以借助中间商的这些能力，充分发挥它们的纽带和桥梁作用，引导消费，促进产品销售。

间接渠道比较突出的缺点是增加流通环节、推高产品成本、扩大产销距离、增加沟通难度。

2. 长度不同的渠道

分销渠道的长度取决于商品在流通过程中经过的流通环节或中间层次的多少。经过的流通环节或中间层次越多，分销渠道就越长；反之，分销渠道就越短。按照产品流转过程中所经过的流通环节或中间层次的多少，分销渠道可以划分成以下几种模式：

(1) 零级渠道。制造商—消费者。

(2) 一级渠道。制造商—零售商—消费者。

(3) 二级渠道。制造商—批发商（代理商）—零售商—消费者。

(4) 三级渠道。制造商—代理商—批发商—零售商—消费者。

长渠道的优点是能高效开拓市场并分散经营风险，其主要缺点是渠道长、环节多、控制性差、推高产品成本、失去低价优势。短渠道的优点是渠道短、环节少、流转成本低、销售速度快、信息反馈及时，其缺点是商品生产者承担的商业职能多，难以大规模拓展市场。究竟是长渠道好还是短渠道好，不能一概而论，必须具体问题具体分析。企业在选择自己的分销渠道时，一定要针对自身条件和环境要求，权衡利弊得失，选择适合本企业和产品的渠道。一般情况下，当企业产品在较小的地区范围内销售，或产品销售的时效性较强时，采用较短的分销渠道；反之，分销渠道可以长一些，这样可以提高产品在市场上的渗透能力。

3. 宽度不同的渠道

分销渠道的宽度是指分销渠道的同一层次上使用同种类型中间商的数目。根据分销渠道同一层次选用中间商多少可以划分为宽渠道与窄渠道。如果分销渠道的同一层次上使用同种类型中间商数目越多，分销渠道越宽；反之，分销渠道越窄。

在企业的营销实践中，究竟是采用较宽的渠道还是较窄的渠道，主要取决于生产企业的分销策略和产品本身的特点。如果生产企业的分销策略是扩大产品的市场覆盖面，或者企业生产的产品是便利品，则应该选用比较宽的渠道，以便占据更大的市场。而对于选购性较强的产品或特殊产品，如果企业是以维护良好的产品信誉、建立稳固的市场竞争地位作为自己分销策略的重点，则可以选用相对窄一些的分销渠道，这样企业可以集中资源和能力来实现其营销战略。

一般来说，企业分销渠道宽窄的选择策略主要有以下三种：

（1）密集性分销策略。是指企业尽可能多地增加批发商、零售商的数量，以密集的销售网点推销其产品，以扩大市场覆盖面或快速进入并覆盖一个新市场。这种策略比较适合于便利品（如日用品、低值易耗品等）的销售。

（2）选择性分销策略。是指企业在某一地区仅仅选择少数几个有实力的、有信誉的、最合适的中间商推销其产品。目的在于维护产品的品牌信誉，建立稳固的市场，形成比较固定的消费群体。这种策略比较适合于消费品中的选购品（如时装、家用电器等）的销售，尤其是一些新产品在试销阶段适合采用这种策略。

（3）独家分销。是指企业在某一地区仅仅选择一家中间商推销其产品，通常双方协商签订独家经销合同来确定各自的权利与义务，以达到调动中间商积极性、扩大经营规模、充分利用中间商的信誉和经营能力、有效控制市场的目的。这种策略比较适合于特殊品（如专利产品、具有品牌优势的产品以及面向专门用户的产品等）的销售。

九、中间商

中间商是指介于制造商与消费者之间，专门从事商品流通活动的经济组织或个人。

（一）中间商的职能

1. 信息沟通及调研

这是企业选择中间商的主要原因之一，中间商通过收集与反馈营销环境中的有关市场供求状况、顾客、竞争对手以及其他方面的信息，为生产企业的营销决策工作提供可靠的数据支持。

2. 风险承担

中间商参与到企业产品的销售环节中可以承担部分市场营销风险，从而降低生产企业的经营风险，有助于保持生产企业的经营稳定性。

3. 产品促销

企业与中间商合作开展促销活动可以吸引顾客、促进产品销售，提高各自的经济效益和社会影响。中间商在企业的各类促销活动中发挥着越来越积极的作用。

4. 洽谈及订货

这是中间商的基本经济活动，通过双方的协商或协议，力求以最有利的条件实现产品所有权的转移。

5. 实体分配及产品分类

这属于物流的范畴，中间商通过自营或委托物流实现产品实体从生产者到最终顾客的连续性储运工作，有时还必须同时承担按顾客的要求对产品进行分类搭配等工作。

6. 筹集资金

这是中间商生存和发展的前提和保证，上述职能的实现必须建立在这一基础之上。为了经营活动的顺利开展以及保持一定水平的存货等，中间商必须设法筹集存储产品所需要的资金。

（二）中间商的分类

中间商可以按照不同的标准进行分类。

1. 是否拥有商品所有权

按照中间商在商品流通转让过程中是否拥有商品的所有权，可以划分为经销商、代理商和经纪人三类。

（1）经销商。是指从事商品交易业务，在商品买卖过程中取得商品所有权的中间商，其利润来源主要是商品的购销差价，一旦买进商品，则商品的销售风险与利益均由自己独立承担。

（2）代理商。是指从事商品交易业务，接受生产企业委托，但不具有商品所有权的中间商，其利润来源主要是被代理企业的佣金，但商品的销售风险与利益一般由被代理企业承担。

（3）经纪人。俗称掮客，既无商品所有权，也不持有和取得现货。其主要职能在于为买卖双方牵线搭桥，协助谈判，促成交易，由委托方付给佣金，不承担产品销售的风险。

2. 在流通过程中的地位和作用

按照中间商在流通过程中的地位和作用，可以划分为批发商和零售商两类。

（1）批发商。是指从生产企业或其他中间商大量购进商品，批量供应零售商用作转卖，或供应生产企业用作生产加工的中间商。

（2）零售商。是指向最终消费者直接销售商品的、从事零售业务的企业或个人。

（三）批发商

批发商处于商品流通的起点和中间阶段，交易对象是生产企业和零售商。一方面，它向生产企业收购商品；另一方面，它又向零售商批销商品，并且是按批发价格经营大宗商品。其业务活动结束后，商品仍处于流通领域中，并不直接服务于最终消费者。

批发商是产品流通的大动脉，是关键性的环节，它是连接生产企业和商业零售企业的枢纽，是调节商品供求的蓄水池，是沟通产需的重要桥梁，对企业改善经营管理及提高经济效益、满足市场需求、稳定市场具有重要作用。

1. 批发商的职能

（1）促进销售职能。批发商通过其销售人员的业务活动，可以使制造商有效地接触众多的小客户从而可以发挥促进销售的作用。

（2）采购与货物分类职能。独立批发商采购产品后，通过分类、分等、分割使各个生产商生产的各类商品成为零售商所需要的产品，而后供应给零售商，这样可以缩短顾客选购产品的时间，以满足消费者的多样化需求。

（3）运输、仓储服务职能。独立批发商通过运输、仓储等业务调节不同时间、不同地区的供求。

（4）提供信息职能。批发商把来自生产商和零售商（代表消费者）的购销信息汇集在一起，成为沟通信息的中枢。批发商通过向制造商和零售商提供有关的市场信息，可以减少制造商、零售商因盲目生产、盲目进货而造成的损失。

2. 批发商的主要类型

批发商主要有三种类型，即商人批发商、经纪人和代理商、制造商的销售机构。以下着重介绍前两种。

（1）商人批发商。商人批发商，又称独立批发商，是指自己进货，取得商品所有权后再批发出售的商业企业。商人批发商是独立企业，对其所经营的商品拥有所有权。商人批发商是批发商的最主要的类型。

（2）经纪人和代理商。经纪人和代理商是从事购买、销售或二者兼有的洽商工作，但不取得商品所有权的商业单位。它们不储存商品，不承担风险，多见于食品、不动产、保险和证券经纪人。经纪人和代理商与商人批发商最大的差异表现在其经营的商品所有权问题上，经纪人和代理商没有货物的所有权，其主要职能在于为买卖双方的交易提供方便，从中收取一定比例的佣金作为自己的报酬收入。两者的相似之处在于它们通常都专注于某些产品种类或某些顾客群。经纪人和代理商主要有：商品经纪人、制造商代理商（又称制造商代表）、销售代理商、采购代理商和佣金商（又称佣金行）。

（四）零售商

零售商处于商品流通的最终阶段，直接将商品销售给最终消费者。零售商的基本任务是直接为最终消费者服务，它的职能包括购、销、调、存、加工、拆零、分包、传递信息、提供销售服务等。零售商是联系生产企业、批发商与消费者的桥梁，在分销渠道中具有重要作用。

1．零售商的职能

（1）直接为最终消费者服务。零售交易与批发交易的不同在于要直接面向最终的消费者，必须通过良好优质的服务来赢得顾客，所以对营业员的业务素质和服务水平有很高的要求。

（2）信息沟通的主要纽带。由于与消费者最直接接触，零售商对消费者的需求和消费倾向有最及时和准确的了解，并据此安排企业的生产活动，同时也可以向消费者不断输出商品的信息，使消费者对企业产品产生信赖，开创企业的品牌之路。

（3）提供综合服务。除了优质的产品和服务质量，零售现场的展示也是不可或缺的，如美丽的橱窗、温馨的环境等；有的零售商店还设有公用电话、中介、家政、娱乐等服务项目和设施。

2．零售商的主要类型

零售商可以分为三种基本类型，即商店零售商、无店铺零售商和零售组织。

（1）商店零售商。商店零售商主要有以下类型：

①专用品商店。专用品商店是专门经营某类商品的商店。

②百货商店。由于百货商店经营的商品种类多，因此称为百货商店。其组织形式有：独立百货商店、连锁百货商店、百货商店所有权集团等。

③超级市场。超级市场一般规模较大，经营产品的范围既深又广，不仅种类多，而且每种产品中可供选择的型号、式样等也较多。大多数商品的售货方式都采用自选，顾客感到十分方便。

其他的零售商店形式有：方便商店、超级商店、联合商店、特级商场、折扣商店、仓储商店以及产品陈列推销店等。

（2）无店铺零售商。无店铺零售商主要有以下类型：

①直复市场营销。直复市场营销是使用一种或多种广告媒体传递商品信息，使广告信息所到之处迅速产生需求反应，并最终达成交易的销售系统。直复市场营销者利用广告介绍产品，顾客可通过写信、打电话等形式订货，订购的货物一般通过邮寄方式交货，顾客可用银行卡付款。

②直接销售。直接销售主要有挨户访问推销、逐个办公室推销和举办家庭销售会推销等形式。由于需要雇用、训练、管理和激励销售人员，因而直接销售的成本较高，而且直接销售所存在的问题已经引起人们的反感。

③自动售货。自动售货就是利用自动售货机进行商品销售。这是设置在人流量较大的区域，如车站、机场、影院等场所，自动向顾客出售商品的售货方式。

④网上零售。网上零售是指企业或个人商家对消费者直接开展商业活动的一种电子商务模式。这种模式的电子商务一般以直接面向客户开展零售业务为主，主要借助互联网开展在线销售活动。随着互联网通信技术支撑系统、物流配送支撑系统、货币支付系统、商

品设计/采购支撑系统、售后服务支撑系统等配套支撑体系的不断完善，近年来网上购物发展十分迅速。2016年天猫“双11”购物狂欢节参与商家规模已增至2万家，涵盖电器、服装、家装家饰、箱包、汽车、洗护美妆、母婴、食品、图书等多个行业，共3万多个品牌，拥有天猫和淘宝的阿里巴巴集团全天交易额达到了1 207亿元。另外，京东、亚马逊、易迅网、国美、苏宁等也都“借节造市”，“双11”销售额相比平日均大幅增加。

（3）零售组织。零售组织主要有连锁商店、自愿连锁商店、消费者合作社、零售商合作社、特许专营机构五种类型。下面具体介绍其中的三种。

①连锁商店。连锁商店是指由一家大型商店控制的，许多家经营相同或相似业务的分店共同形成的商业销售网。其主要特征是：总店集中采购，分店联购分销。连锁经营主要有三种形式：正规连锁店、自愿连锁和特许连锁。正规连锁店也称联号商店、公司连锁、直营连锁，是指同属于某一个总部或总公司，统一经营，所有权、经营权、监督权三权集中。自愿连锁也称自由连锁、任意连锁，是各店铺保留单个资本所有权的联合经营，多见于中小企业。特许连锁也称合同连锁、契约连锁，它是主导企业把自己开发的商品、服务和营业系统（包括商标/商号等企业象征的使用、经营技术、营业场合和区域），以营业合同的形式给规定区域的加盟店授予统销权和营业权，加盟店则需交纳一定的营业权使用费，承担规定的义务。其特点是：经营商品必须购买特许经营权，经营管理高度统一化、标准化。

②消费者合作社。它是一种消费者自发组织、自己出资、自己拥有的零售单位。消费者合作社采用出资人投票方式进行决策，并推选出一些人对合作社进行管理。消费者合作社可以制定较低价格，也可以按正常价格销售，年终根据每个人的购货数量给予惠顾红利。

③零售商合作社。零售商合作社是中小零售商为对抗大零售商和零售集团而自发地、以契约形式进行横向联合，通过统一进货和联合进货以取得价格优势，从而在商品销售中获得与大零售商抗衡的条件，并通过综合性、整体性的管理运作为所属零售商创造良好的经营环境和条件。

十、促销策略

促销是促进销售的简称。它是指企业采用一定的手段和方式向目标市场传递有关企业及其产品和服务的信息，以促进目标市场对企业产品和服务的需求，并引起购买欲望和购买行为的一系列综合活动。

（一）促销组合

1. 促销组合及促销方式

（1）促销组合。促销组合就是企业根据产品的特点和营销目标，综合各种影响因素，对各种促销方式进行选择、组合和运用，使企业的全部促销活动互相配合、协调一致，最大限度地发挥整体效果，从而顺利实现促销目标。

（2）促销方式。促销组合包括人员推销、广告、营业推广和公共关系等基本促销方式。企业常常同时并用多种促销方式。正确地选择促销组合是促销能够成功的关键。

动画：促销方式及促销组合策略

①人员推销着眼于信息的双向沟通和面对面的情感交流，是信息的单向沟通所不能取代的，因此在促销组合中处于主力地位。

②广告着眼于信息的大面积和快速传播，是促销组合中用来传播产品信息、树立企业形象、激发消费需求的重要工具。广告既适用于长期目标，也适用于短期目标；既适用于大企业，也适用于中小企业，是促销组合中的主力。

③营业推广着眼于刺激需求、增加购买，是短期促销的有效工具。

④公共关系着眼于树立形象、沟通关系，是公共宣传的有效工具。但由于它既为营销目标服务，又为企业整体目标服务，因此在促销组合中一般处于辅助地位。

促销组合策略，也就是这几种促销方式的选择、运用与组合搭配的策略，包括如何确定促销预算及其在各种促销方式之间的分配。

2. 影响促销组合选择的因素

企业制定促销组合和促销策略时的影响因素较多，主要应考虑以下几个因素：

（1）促销目标。它是企业从事促销活动所要达到的目的。在企业营销的不同阶段，为适应市场营销活动的不断变化，要求有不同的促销目标。因此，企业制定的促销组合和促销策略要符合促销目标，根据不同的促销目标，采用不同的促销组合和促销策略。如果企业的促销目标侧重于在某一特定市场增加销量，扩大市场份额，则选择促销组合时，应侧重于广告和营业推广；如果企业的促销目标是希望树立在目标顾客心目中的良好形象，则选择促销组合时，应侧重于公共关系和必要的公益性广告；如果企业的促销目标是希望让更多的顾客了解、熟悉和信任本企业的产品，则选择促销组合时，应侧重于人员推销和广告。

（2）产品类型。对于不同类型和性质的产品，购买者和购买目的各不相同，因此必须采用不同的促销组台和促销策略。一般说来，在消费者市场，因市场范围广而更多地采用拉式策略，以广告和营业推广方式居多；在生产者市场，因购买者购买批量较大，市场相对集中，技术性强，需要专人操作示范及讲解，则一般以人员推销为主要形式。

（3）产品的市场生命周期。促销目标在产品市场生命周期的不同阶段是不同的，这决定了在市场生命周期各阶段要相应选择不同的促销组合，采用不同的促销策略。以消费品为例，在投入期，促销目标主要是宣传并介绍商品，以便顾客了解、认识商品，产生购买欲望。由于广告可以起到向消费者、中间商宣传并介绍商品的作用，因此，这一阶段应以广告为主要促销形式，以营业推广和人员推销为辅助形式。在成长期，由于产品打开销路，销量上升，同时也出现了竞争者，这时仍需加强广告宣传，但要注重宣传企业产品特色，以增强顾客对本企业产品的购买兴趣，若能辅之以公关手段，会收到相得益彰的效果。在成熟期，竞争者增多，企业的促销活动多以增强顾客的购买兴趣并让其产生偏爱为目标，广告的作用在于强调本产品与其他同类产品的细微差别。同时，要配合运用适当的营业推广方式。在衰退期，由于更新换代产品和新发明产品的出现，使原有产品的销量大幅度下降。为减少损失，促销费用不宜过大，促销活动只宜针对老顾客，企业应继续采用适当的营业推广手段，并辅之以提示性广告。上述各阶段的促销目标及促销组合如表5—2所示：

表5—2　　生命周期各阶段的促销目标及促销组合一览表

产品生命周期	促销目标重点	促销组合
投入期	使消费者认识和了解商品	介绍性广告为主，营业推广和人员推销为辅
成长期	宣传产品特色，进一步引起消费者的购买	形象广告为主，公共关系为辅
成熟期	增强消费者购买兴趣，引发其偏爱	形象广告、营业推广为主，人员推销为辅
衰退期	维持消费者信任、偏爱，尽量稳定销售	营业推广为主，提醒性广告为辅

（4）市场特点。针对目标市场的不同特点，也需要采取不同的促销策略。如果目标市场地域范围大，应多采用广告进行促销；如果在小规模的本地市场销售，则应以人员推销或商品陈列为主。同时，企业也应考虑到目标顾客的年龄、性别、文化程度、价值观念、风俗习惯等，选择适当的促销策略。例如：如果目标顾客的文化水平较高，应较多运用广告和公共关系；反之，应多运用人员推销和营业推广。此外，企业制定促销组合和促销策略时，还应考虑竞争者的促销形式和策略，要有针对性地不断变换自己的促销组合及促销策略。

（5）推式与拉式策略。促销组合在很大程度上受到企业选择的推式促销策略或拉式策略的影响。推式策略是以中间商为主要促销对象，指生产厂商把产品推向批发商，批发商采取积极措施把产品推向零售商，零售商再采取积极措施把产品推销给消费者。在推式策略下，企业通常着重使用人员推销和营业推广等促销方式，再辅以广告和公共关系，通过分销渠道推出产品。

拉式策略也称拉引策略，生产厂商通过促销方式直接作用于消费者，唤起消费者的兴趣和购买欲望，引导消费者到商店购买其产品，拉动零售商再向批发商，批发商再向生产厂商订购产品。拉式策略适用于企业销售人员不足或没有获得中间商充分支持与合作的新产品的推广活动，这时企业一般应着重使用广告和营业推广方式。

（6）促销预算。企业开展促销活动时，能够用于促销活动的费用总是有限的。因此，在满足促销目标的前提下，要做到效果好而费用省。相对而言，广告可以向分散在不同地区的众多目标顾客传递促销信息；人员推销在建立客户关系方面较有优势；营业推广对销售有一定的刺激作用，但不适合频繁和长期使用。企业确定的促销预算应该是企业有能力负担，并且是能够适应竞争需要。为了避免盲目性，在确定促销预算时，除了考虑营业额的多少外，还应考虑促销目标的要求、产品生命周期等其他影响促销的因素。

（二）人员推销

人员推销，是指企业的推销人员与目标消费者进行面对面的接触交流，将产品或服务的信息传递给消费者，使消费者了解、偏爱企业的产品或服务，进而采取购买行动的一种促销方式。

1．人员推销的形式

人员推销的基本形式有上门推销、柜台推销、会议推销三种。

（1）上门推销。上门推销是指由推销员携带产品样品、说明书、订货单等走访顾客，推销产品。它是最常见、最典型的推销形式。

（2）柜台推销。企业在适当的地方设置固定的门市、柜台或摊点，等顾客上门，由营业员向光顾该店的顾客推销产品的方式即为柜台推销。

（3）会议推销。会议推销是指利用各种形式的会议，如展销会、洽谈会、交易会、订货会等宣传介绍企业产品，开展销售活动。

2．人员推销的特点

（1）销售的针对性。与顾客的直接沟通是人员推销的主要特征。由于是双方直接接触，相互间在态度、气氛、情感等方面都能捕捉和把握，有利于销售人员有针对性地做好沟通工作，解除各种疑虑，引导购买欲望。

（2）销售的有效性。人员推销的又一特点是提供产品实证，销售人员通过展示产品、解答质疑、指导产品使用方法，使目标顾客能当面接触产品，从而确信产品的性能和特点，易于引发消费者的购买行为。

（3）密切买卖双方关系。销售人员与顾客直接打交道，交往中会逐渐产生信任和理解，加深双方感情，建立起良好的关系，容易培育出忠诚顾客，稳定企业销售业务。

（4）信息传递的双向性。在推销过程中，销售人员一方面把企业信息及时、准确地传递给目标顾客，另一方面把市场信息、顾客的要求、意见与建议反馈给企业，为企业调整营销方针和政策提供依据。

（三）广告

在营销学中，广告是以付费方式，通过一定的媒介，向一定的人传达一定的信息，以期达到一定目的的信息传播过程。根据《中华人民共和国广告法》，广告是指商品经营者或服务提供者承担费用，通过一定媒体和形式直接或间接地介绍自己所推销的商品或所提供的服务。借助广告，企业将产品或服务信息向消费者进行大范围、迅速的传播。

广告是促销组合中用来传播产品信息、树立企业形象、激发消费者需求的重要工具，是促销组合中的主要手段。

1．广告活动的构成要素

广告活动的构成要素主要包括广告主、广告媒体、广告费用、广告受众和广告信息。

> 资源
> 视频：中国移动广告宣传片

（1）广告主。广告主是广告活动的主体，是指为推销商品或提供服务，自行或委托他人设计、制作、发布广告的法人、其他经济组织或个人。

（2）广告媒体。广告媒体是传递信息的载体，其表现形式主要有报纸、杂志、广播、电视、网络等。

（3）广告费用。广告费用是指广告主开展广告活动所必须支付的各种费用，包括广告调研费、设计制作费、广告媒体费、广告机构办公费以及工作人员的相关支出等。

（4）广告受众。广告受众是广告活动的客体，指接受广告信息的人。

（5）广告信息。广告信息是广告活动的具体内容，一般是指商品信息、服务信息和观念信息等。

2．广告媒体的类型

常见的广告媒体主要有报纸、杂志、广播、电视、网络，被称为五大媒体。此外，还有一些其他广告媒体，如户外广告、直邮广告、交通广告等。主要广告媒体及其优缺点如表5—3所示：

表5—3　主要广告媒体及其优缺点一览表

广告媒体	优点	缺点
报纸	准确定位消费群体 发行周期短，时效性强 信息量大 便于收集与保存 权威性强 费用低廉	有效时间短，重复性差 注目率低 印刷效果差，吸引力低
杂志	针对性强 留存性好，易于保管 形象逼真，传播效果佳，有较强的吸引力 传阅性强	发行周期长，传播信息慢 灵活性较差 接触面不广
广播	传播迅速、及时 安排灵活 制作简便，费用低廉 针对性强	不能展示产品的形象内容 内容转瞬即逝，不宜留存
电视	受众数量众多 生动形象，感染力强 时效快	制作复杂，费用高昂 播放时间短
网络	成本低 易统计、易反馈	接触率低

3．广告媒体选择的影响因素

在调查、选择适用的广告媒体时，应该考虑以下因素：

（1）产品的种类与特点。不同的产品对广告媒体有不同的要求。广告媒体只有适应产品的特点才能取得较好的广告效果。例如：依靠外观、颜色、光泽打动消费者以使其产生购买行为的产品（如服装、化妆品、珠宝首饰等），最好选择电视、杂志，因为电视、杂志表现外观、色泽的能力强；对于需要详细介绍的产品，通常应采用报纸、杂志作为媒介，如轿车、机械、器材等。

(2) 目标消费者接触媒体的习惯。广告的目的是被消费者，特别是目标消费者接受，因此，企业必须根据目标市场的特点来选择广告媒体。例如：在农村，可以利用数十年建立起来的有线广播网进行促销；对于办公用品，多采用报纸、杂志来进行广告传播；对于儿童用品，则常采用电视广告进行推广。

(3) 广告媒体的覆盖范围和影响力。广告媒体的覆盖范围直接关系到广告的传播区域、接触频率及作用强度。一般来说，广告媒体的传播范围应与市场范围一致，应对目标市场具有最强的影响力。因此，企业必须了解广告媒体的发行量、发行地区、顾客类别、视听率等指标。例如：丰田汽车选择北京、上海、广州三大城市的报纸作为主要广告媒体，主要是考虑这些城市是丰田汽车目标消费者集中的地区，是广告产品的主要市场。

(4) 媒体的费用。不同广告媒体的收费标准不同，即使是同一种媒体也因传播范围和影响力的大小而有价格差别。另外，在考虑媒体费用时，还应该注意其相对费用，常用千人成本指标衡量。例如：某企业若选用电视做广告需支付80万元，预计目标市场收视者为2 000万人，则千人成本为40元；若选用报纸做广告，总费用为40万元，预计目标阅读者为500万人，则千人成本为80元。两者相比，选用电视作为广告媒体比较合算。

(5) 广告媒体评价指标。在选择广告媒体时，常常会涉及一些具体的指标，包括覆盖域、视听率、阅读率、接触率等。

①覆盖域。是指广告媒体覆盖的地域范围，如中央电视台覆盖全国，《钱江晚报》覆盖浙江省。

②视听率。广播、电视媒体的效果大小可以用视听率来表示。计算公式为：

视听率＝收视（听）者/电视机（收音机）的拥有量×100%

广告主和广告公司往往以视听率来决定是否购买该时段广告，而电视台和广播电台也常把此项指标作为制定广告价格的依据。

③阅读率。其计算公式为：

阅读率＝阅读者/发行量×100%

④接触率。指广告播出后接触到广告的人数占覆盖区域总人数的比率。计算公式为：

接触率＝接受广告信息的人数/覆盖区域总人数×100%

例如：在两种不同的报纸上刊登广告，以10 000为基数，阅读这两种报纸的人数分别为1 500、2 500，则其接触率分别为15%、25%。

⑤千人成本。指媒体、载体每接触1 000人（户）平均所需支付的费用。计算公式为：

千人成本＝广告媒体费用/广告接触人数×1 000

（四）营业推广

营业推广，又称销售促进，是指企业为刺激消费者需求、鼓励购买行为而采取的各种促销形式。典型的营业推广活动一般用于短期的促销工作，采用的手段往往具有强烈的刺激性，是短期促销的有效工具。

资源

动画：营业推广

1. 营业推广的特点

（1）直观的表现形式。许多营业推广工具具有吸引注意力的特征，可以打破顾客购买某一特殊产品的惰性，对那些精打细算的人具有很强的吸引力。

（2）灵活多样，适应性强。企业可根据顾客心理和市场营销环境等因素，采取针对性很强的营业推广方法，向消费者提供特殊的购买机会，具有强烈的吸引力和诱惑力，能够唤起顾客的广泛关注，立即促成购买行为，在较大范围内收到立竿见影的效果。

（3）有一定的局限性和副作用。有些方式显现出卖者急于出售的意图，容易造成顾客的逆反心理。如果使用太多，或使用不当，顾客会怀疑此产品的品质及产品的品牌，或产品价格是否合理，给人“推销的是水货”的错误感觉。

2. 营业推广的种类

（1）针对消费者的营业推广。可以鼓励老顾客继续使用，促进新顾客使用，动员顾客购买新产品或更新设备，引导顾客改变购买习惯，或培养顾客对本企业的偏爱行为等。可以采用的方式有：

①赠送。即向消费者赠送样品或试用样品。样品既可以挨户赠送，也可以在商店或闹市区散发；既可以在其他商品中附送，也可以公开广告赠送。赠送样品是介绍一种新商品最有效的方法。

②优惠券。是给持有人一个证明，证明他在购买某种商品时可以免付一定金额。

③廉价包装。是在商品包装或招贴上注明，比通常包装减价若干。既可以是单装一种商品，也可以是几件商品混装在一起。

④奖励。即消费者可以凭奖励券免费或者低价购买一种商品，或者可以在凭券购买某种商品时给予一定优惠，各种摸奖、抽奖也属于此类。

⑤现场示范。企业派人将自己的产品在销售现场当场进行使用示范，将一些技术性较强的产品的使用方法介绍给消费者。

⑥组织展销。企业将一些能显示企业优势和特征的产品集中陈列，边展边销。

（2）针对中间商的营业推广。目的是鼓励批发商大量购买，吸引零售商扩大经营，动员有关中间商积极购存或推销某产品。可以采用的方式有：

①批发回扣。企业为争取批发商或零售商多购进自己的产品，在某一时期内可给予购买一定数量本企业产品的批发商一定的回扣。

②推广津贴。企业为促使中间商购进企业产品并帮助企业推销产品，还可以支付给中

间商以一定的推广津贴。

③销售竞赛。根据各个中间商销售本企业产品的实绩，分别给优胜者以不同的奖励，如现金奖、实物奖、免费旅游、度假奖等。

④交易会或博览会、业务会议。

⑤工商联营。企业分担一定的市场营销费用，如广告费用、摊位费用，建立稳定的购销关系。

（3）针对销售人员的营业推广。目的是鼓励他们热情推销产品或处理某些老产品，或促使他们积极开拓新市场。可以采用的方式有：

①销售竞赛。如有奖销售、比例分成。

②免费提供人员培训和技术指导。

（五）公共关系

公共关系是企业运用传播与沟通手段，使自己与公众相互理解、相互适应，为促进企业目标的实现而进行的一种有组织的管理活动。它着眼于提高企业在社会公众心目中的知名度和美誉度，树立企业形象，是公共宣传的有效工具。

视频：阿里巴巴品牌理念宣传片

1. 公共关系的特点

（1）公共关系是特定主体与相关客体之间的相互关系。这里的主体可以是企业、团体或其他组织等；客体包括消费者、供销商、新闻媒体、政府相关部门、内部员工、社会公众、竞争对手等。

（2）公共关系是一种信息沟通的活动。公共关系是企业与其相关的社会公众之间的一种信息沟通活动。企业通过公共关系可以沟通企业上下、内外的信息，建立相互间的理解、信任与支持，协调与改善企业的社会关系环境。

（3）公共关系是一种长期活动。它着眼于长远计划，不以短期促销为目的，其效果不是短期行为可以达到的，需要连续地、有计划地实施。

2. 公共关系的功能

公共关系的功能主要表现在收集信息、决策参谋、舆论宣传、交流沟通以及社会服务五个方面。

（1）收集信息。通过公共关系活动企业可以收集到各种相关信息，包括企业或产品形象信息，如对企业的评价和对产品、服务质量的反映、评价等，内部员工的意见、建议，以及企业外部各种客观环境的信息，如国内外政治、经济、文化等方面的变化，竞争者动态、消费者需求及购买行为的变化等。

（2）决策参考。公共关系的这一职能表现为企业利用所收集的各种信息进行综合分析，考察企业的决策和行为在公众中产生的效果，预测企业决策和行为与公众可能意向之间的吻合程度，并及时、准确地向企业提供决策参考。

（3）舆论宣传。公共关系作为企业的“喉舌”，将企业的信息及时、有效、准确地传递给社会公众，为企业树立良好形象创造良好的舆论氛围，公共关系活动能提高企业知名度、美誉度，给公众留下良好的形象，并能引导公众舆论朝着有利于企业的方向发展。同时，还能及时地纠正和改善对企业不利的公众舆论，避免不良影响的进一步扩大，从而起到维护企业声誉的作用。

（4）交流沟通。企业是一个开放的系统，系统内外各要素都需要相互联系、沟通。交流沟通是公共关系的基础，任何公共关系活动的实施都依赖于公共关系主客体之间的交流沟通。

（5）社会服务。公共关系同样具有社会服务的功能，企业可以通过引导性教育宣传、赞助服务来诱导公众对企业产生好感。

3．公共关系的对象

公共关系的对象有以下几种：

（1）消费者。消费者满意是企业一切活动的中心环节，企业首先要使目标消费者或潜在消费者对本企业产生良好的印象，以良好的企业形象和信誉吸引消费者。企业应从三个方面做好工作：①为消费者提供优质产品和服务，这是建立良好公共关系的首要条件和根本保证。②与消费者定期进行有效的沟通，收集消费者信息。目前比较流行的做法是开展“消费者教育”活动，即通过包装、免费杂志、讲座、组建消费者俱乐部、培训班等方式，对目标或潜在消费者进行引导和教育。③正确处理与消费者的纠纷，避免与消费者正面争吵。如果消费者的投诉合理，在确认后应及时处理，使消费者感觉到受到尊重。即使出现一些不能解决的问题，也应耐心向消费者解释，争取消费者的谅解，化解矛盾。

（2）供应商和销售商。为了保障企业正常的生产和销售，企业要与供应商以及销售商建立良好的关系。要时刻关注供应商和销售商，通过一系列公共活动保持与双方的信息互换和友好关系，使企业在生产、销售环节保持优势地位。

（3）新闻媒体。新闻媒体是企业最特殊的公众。一方面，企业的公共关系活动通常要借助一定的宣传媒体向外界发布，以扩大活动影响力。因此，企业要与各新闻媒体单位保持密切的关系。另一方面，对待媒体的负面报道，企业要冷静、谨慎，首先要认真核实新闻报道内容，迅速查清事实真相。如果是企业自身的问题，要尽快改正，并将改进后的情况及时通报新闻媒体，争取挽回不良影响。如果新闻报道有失偏颇，与事实不符，企业要立即通过新闻媒体说明真相，或举办新闻发布会澄清事实，并可要求发布不实报道的新闻媒体做出公开更正以免影响企业形象。

（4）政府部门。企业的生存和发展离不开政府的支持和帮助，企业必须经常与政府部门沟通，及时了解相关的政策、规定，并使之能尽量有利于本企业的发展。

（5）社区。社区是指企业所在地的区域范围。企业要与所在地的其他企业、学校、医院、团体、居民等发生各种各样的联系，积极支持社区公益活动和经济建设以此获取社区的理解，为企业发展提供多方面的便利条件。

（6）竞争者。处理好与竞争者的关系也是企业公共关系工作的重要环节。那种“同行是冤家”的狭隘思想已经无法在现代市场经济环境中通行。双方的殊死拼争，其结果往往是两败俱伤，不如携手共进，实现双赢。

(7) 企业内部员工。在企业内部，搞好员工的思想工作、增强员工的凝聚力和团队精神，对企业来说，同样是至关重要的。企业可以通过一系列手段，处理好企业内部的公共关系：①内部渠道的信息沟通，如建立内部网络、广电交流平台，发行内部刊物等，宣传企业优秀文化，培养员工的自豪感、归属感。②定期举办各类集体活动，如旅游、参观、聚餐、文体活动等，融洽员工之间的关系。

4. 公共关系活动方式

常见的公共关系活动方式有以下几种：

(1) 记者招待会。也称新闻发布会，是企业与新闻界建立和保持联系的一种较正规的方式。以这种方式发布信息，比较正规、隆重、规格较高，易于引起社会广泛的关注；在这种方式下的双向沟通，无论在广度上和深度上都较其他方式更为优越；此种方式占用较多的时间，经费支出较多，因此其成本较高；记者招待会对于发言人和会议主持人要求很高。

(2) 展览会。展览会是通过实物的展示和示范表演来展示企业的成果和风貌的公共关系宣传活动。由于它图文并茂、直观形象，往往会给公众留下深刻印象，因此是企业塑造良好公共形象的重要手段之一。

(3) 对外开放参观。对外开放参观是企业为了让公众更好地了解自己，面向社会各界开放，及时组织和安排广大公众到企业内部来参观、考察，以提高组织的透明度，争取公众了解和支持的一个重要手段。

(4) 组织开幕（开业、开工）典礼。开幕（开业、开工）典礼是企业向社会公众的第一次形象亮相，体现了企业领导人的组织能力、社交水平以及企业的文化素养和内涵，往往成为公众亲疏取舍的重要标准，并成为企业发展的里程碑。因此，企业必须精心策划和组织开幕（开业、开工）典礼。

(5) 社会赞助活动。赞助是企业以捐赠方式，向某一社会事业或社会活动提供资金或物质的一种公关专题活动。赞助活动是企业对社会的贡献行为，是一种信誉投资和感情投资，是企业改善社会环境和社会关系最有效的方式之一。概括起来，赞助的目的有四种：追求新闻效应，扩大社会影响；增强广告效果，提高经济效益；联络公众感情，改善社会关系；提高社会效益，树立良好形象。

(6) 演讲。演讲可以提高企业知名度。企业负责人经常利用电视、网络等宣传工具回答公众的问题，或在行业协会和销售会议中进行成功的演说，可以向公众介绍企业的有关信息，对树立企业形象有很大的帮助。但演讲这种方式也有可能损害企业形象，因此，挑选企业发言人时一定要慎重，发言人要充分准备演讲稿，以确保效果。

(7) 处理危机公关。危机公关又称危机管理，它是指企业在自身运作中对发生的具有重大破坏性影响，造成组织形象受到损害的意外事件进行全面处理，并使其转危为安的一整套工作过程。危机公关是公共关系最重要的工作之一，也是公共关系的最大价值所在。

一、新产品开发程序

企业开发新产品时，不仅要有严密的组织和管理，还必须有一套完善的、科学的程序，以避免和减少失误。一般来说，新产品开发的程序可以概括为以下七个阶段。

（一）形成产品构思

构思是指为满足市场需要而提出的新产品的设想。成功地开发一种新产品，首先源于一个有创造性、有价值的构思。新产品构思的途径很多，既有来自企业内部的，如科研人员的创意、员工的建议、企业市场调查的信息；也有来自企业外部的，如经销商的要求和建议、顾客的意见和建议、竞争对手的产品、广告公司的创意等。总之，企业应集思广益，从多方面寻求产品的构思。

（二）筛选产品构思

筛选产品构思就是对形成的大量新产品构思进行分析研究、比较评价，筛选出技术上可行、经济上合算、社会效益优良的新产品构思方案。企业在筛选构思时必须从企业实际出发，根据企业的具体情况决定取舍，既要考虑企业的发展目标和资源条件，如利润目标、销售目标等，又要考虑企业的资源与能力是否匹配，如在资金、技术、人力资源等方面是否有足够的能力来开发构思。

（三）形成产品概念

经过筛选后的新产品构思，还要进一步形成比较完整的产品概念并进行消费者测试。产品构思和产品概念具有不同的含义：产品构思是企业从自身角度考虑希望提供给市场的产品设想，是一种可能性的产品。而产品概念是企业从顾客角度对这种构思进行详细描述，是一种具有确定特性的产品构思。

企业要从众多新产品概念中选出最具竞争力的最佳产品概念，就必须了解顾客的意见，进行产品的概念测试。概念测试一般是通过概念说明书的方式，说明新产品的功能、特性、规格、包装、售价、图片、模型等，印发给部分潜在的顾客。概念测试获得的信息将使企业进一步充实产品概念，使之更适合顾客需要。

（四）商业效益分析

企业对新产品进行商业效益分析，即对企业所需投资、预期销售额、成本、价格、利润、预期投资收益等方面进行详细的经济分析。同时，企业还必须对目前市场上主要的竞争对手情况进行分析，以此作为产品长期销售趋势预测的基础。如果新产品的商业效益分析可行，符合企业的市场营销目标，则该新产品就可以进入新产品的开发阶段。

（五）产品研发试制

产品研发试制是将通过商业效益分析后的新产品概念交送有关部门进行研究开发，将产品概念转化为具体的产品模型或样品，同时进行包装的研制和品牌的设计。产品研发试制是新产品开发过程中非常重要的阶段，该阶段事关产品概念与真正产品实体的转化、产品实体的技术可行性，以及新产品的预期生产成本、销售量、利润等。因此，企业应重视该阶段的管理。

（六）产品市场试销

新产品投放市场后开展市场试销，即将产品投放到有代表性的小范围进行试验，观察其市场反应，进而确定是否将产品大批量生产并正式投放市场。在试销的过程中，企业应注意收集销售渠道、广告宣传、价格、产品质量、新产品的试用率等方面的信息资料，以便有针对性地改进新产品，为以后的营销决策提供依据。

（七）正式投产上市

新产品试销成功后，企业就可以正式批量生产与全面投放市场，一旦决定大批投产上市，企业就需再次投入大量资金，支付大量费用，企业在此阶段应在投放时机、投放地区、目标市场选择、营销组合策略等方面慎重决策。

> 资源
> 视频：2016 小米 MAX 新产品发布会

二、品牌名称与标志设计

（一）设计品牌名称

1. 设计原则

（1）易懂好记，易于传播沟通。这是品牌记忆点的关键所在，产品所起的名字应该不生僻，读起来朗朗上口。好名字本身就是一则微型广告。品牌设计时，文字要简洁、流畅，读音清晰、响亮，节奏感强，易于传播、沟通。

> 资源
> 微课：品牌命名的原则

（2）鲜明、独特，富有个性。一般而言，优秀的品牌名称都是与众不同、特色鲜明、极富个性的，能够使顾客一目了然，过目不忘。

（3）揭示产品功能、利益。品牌名称要表示产品的性能、用途，揭示产品能够提供给消费者的效用和利益，品牌名称要与产品实体相符合，能反映产品的效用。

（4）突出情感诉求，富蕴内涵。消费者购买的归根到底不是产品或服务本身，而是心理上的想象和感受。如果产品名称仅仅停留在属性或功能上，在同质化的产品世界中，消费者只能随机选择，而不会特意关注，只有突出情感、文化等内涵的诉求，才能吸引消费者。

2. 设计思路

（1）核心价值的定位。品牌的典故、功能、个性、风格都可能成为品牌定位的依据，但是通常一个品牌理论上只能有一种真正意义上的定位。

（2）要有清晰的概念。概念清晰、准确，就能振奋人心，先声夺人，使消费者在清晰的概念中知道自己应选择什么品牌。

（3）要有鲜明的描述。简洁、明了、富有感染力的名称描述可以体现品牌的特征，并能迅速传播开来，提升品牌形象。

3. 常用方法

如何命名一个令人满意的、让消费者乐于接受的品牌名称？其常用方法有：

（1）人名（公司名）作品牌名。如“张小泉”“李宁”“福特”。

（2）地名作品牌名。如“茅台”“青岛啤酒”“红塔山”。

（3）动物名作品牌名。如“小天鹅”“七匹狼”“白象”。

（4）花草树木名作品牌名。如“春兰”“水仙”“菊花”“椰树”。

（5）数字或数字与文字组合作品牌名。如“7-ELEVEN”“三枪”。

（6）“宝”字作品牌名。如“大宝”“健力宝”“青春宝”。

（7）产品的成分作品牌名。如“两面针”“黄芩”。

（8）能产生美好联想的词作品牌名。如“美的”“永芳”“美加净”。

（9）产品功能作品牌名。如“脑轻松”“保龄参”。

（10）象征地位的名称作品牌名。如“太太”“老板”“豪门”。

（11）无意义的创造性品牌名。如“Kodak”“Intel”“海尔”。

（12）组合字首作品牌名。如“NEC”“IBM”“3M”。

（二）设计品牌标志

1. 设计要求

企业应以符号、图案为标志内容。这是因为：

（1）人们的思想基于印象、认知，应以图文并茂的方式来表示品牌。

（2）人们更容易识别符号、图案，品牌需要标志，以便于消费者识别、记住。

(3) 任何图像都能传递某种信息，一张简单的图片能表达很多意义，可以引发消费者联想。

(4) 运用符号、图案来表达品牌，可以强化品牌定位，使消费者印象深刻，一有提示马上联想起该品牌。

2. 设计思路

(1) 简洁、凝练。标志设计要使人一目了然、过目不忘。符号和简单的图形较受欢迎。

(2) 独特、新颖。品牌标志要有创意、独特、新颖。品牌的独创性、新颖性越强，越能吸引消费者，越能与竞争对手区别开来，受到的保护也越大。

3. 基本形式

(1) 可以设计名称标志。即把名称与标志组合在一起，把名称的文字、数字艺术化，可以作为与众不同的品牌标志。如“NEC”“IBM”。

(2) 可以设计符号标志。如日本“三菱”品牌是由三个菱形符号组成的。

(3) 可以设计图案标志。如“双鹿”“中华”。

课堂活动：分析企业的品牌设计及品牌策略

背景资料： 在家电、快消品、通信、房地产、旅游、娱乐、IT 等行业任选一企业，收集该企业的品牌资料，分析其品牌设计及品牌策略。

分析执行： 首先，团队讨论确定拟分析的企业品牌；然后，从品牌名称、品牌标志及图案、品牌形象及定位、品牌文化、品牌策略等方面加以分析；最后，将相关内容填入表 5—4 中。

活动记录：

表 5—4　××企业品牌设计及品牌策略分析

分析项目	具体内容描述
品牌名称	
品牌标志及图案	
品牌形象（价值利益点）	
品牌文化	
品牌策略	

三、分销渠道设计与管理

(一) 设计分销渠道模式

设计分销渠道模式，即决定企业采取短渠道，还是长渠道；考虑选择直销，还是经过中间商的间接分销，决定经过几道中间环节最合适，要考虑选择宽渠道还是窄渠道，哪个更为有效；考虑选择一种模式的分销渠道，还是同时选择若干分销渠道。影响分销渠道模式选择的因素很多，企业需要认真分析，综合评价，然后设计出适合本企业分销的渠道模式。

1．产品特性

产品的价格、体积和重量、类型和品种规格、样式、产品组合的状况、自然生命周期和市场生命周期、标准性和专用性以及销售量等因素都是产品的特性，这些因素将会影响企业的分销渠道决策。

一般而言，价格高的工业品、耐用消费品适用短、窄渠道；价格低的日用消费品适用长、宽渠道。体积大、较重、易腐烂、易损耗的产品适用短、窄渠道；轻、薄、短、小的产品则适用长、宽渠道。时尚性程度高的产品适宜短渠道；款式不易变化的产品适宜长渠道。标准化程度高、通用性强的产品适宜长、宽渠道；非标准化产品适宜短、窄渠道。产品技术越复杂，需要的售后服务要求越高，越适用直接渠道或短渠道。

2．市场特性

市场特性主要涉及目标市场范围、顾客的集中度、顾客的购买习惯/购买频率、需求的季节性以及市场竞争状况等因素。

目标市场范围宽广，适用长、宽渠道；目标市场比较集中，适用短、窄渠道。顾客比较集中，且一次性购买量大，购买频率低，如生产者、社会集团购买，适用短、窄渠道；如果顾客较为分散，且一次性购买量不大，购买频率较高，适用长、宽渠道。季节性不强的产品一般都均衡生产，多采用长渠道；反之，多采用短渠道。在分销渠道设计上，企业可以采用两种方式开展竞争：一是跟随竞争，即与竞争者采取相同或相似的销售渠道；二是差异渠道选择，即采用与竞争对手完全不同的渠道。

3．企业自身特性

企业自身特性涉及企业的规模和声誉、企业的管理能力与经验以及企业控制渠道的愿望和能力等。规模大、财力雄厚、信誉良好的企业可以选择较固定的中间商经销其产品，采取较易控制的短渠道进行分销，甚至建立自己的销售网点，不使用中间商，实行产销一体化；而规模小、财力较弱、市场信誉不良的企业，只能依赖中间商以长渠道进行产品分销。渠道管理能力和经验丰富的企业可以自行销售产品，采用短渠道分销产品；否则，企业只能依赖中间商采用长渠道销售产品。一些企业为了有效控制分销渠道，往往选择短而窄的渠道；反之，则选择长而宽的渠道。

4．宏观经济环境和法规特性

宏观经济环境涉及的因素较多，如经济形势、交通运输条件、民族传统与民族习惯等，一些关系国计民生的重大商品，必须按国家规定的分销渠道销售，如粮食、棉花、石油等。所涉及的法规主要有专卖制度、反垄断法、进出口规定和税法等，如税收政策、价格政策等因素都影响企业对分销渠道的选择，如烟酒的专卖制度就要求企业应当依法选择分销渠道。

(二) 选择渠道成员

当企业选择好渠道模式后，就需要选择具体的中间商来承担具体的分销任务了。从制造商的角度出发，企业评价和选择中间商的主要依据可以概括为 8 个方面，简称 8C 标准，即成本、资金、控制、覆盖、特点、连续性、信用和能力。

1. 成本（Cost）

企业选择中间商首先要考虑的就是成本问题，如果选择的中间商效益低下、成本太高或得不偿失，就不应该选择这一中间商。渠道成本就是企业建立、发展与维持渠道所需要的费用。制造商一般会选择那些能够承担部分广告费用和其他促销活动费用的中间商，以减少企业的负担，降低销售费用。

2. 资金（Capital）

生产企业要选择资金力量比较雄厚、财务状况良好的中间商。因为这样的中间商不仅能够及时付款、不拖欠，而且能对有困难的制造商提供财务帮助，从而有利于扩大产品销路。

3. 控制（Control）

在营销活动中，选择的中间商不同，所享有的控制力也不同。一般来说，企业在其产品的分销渠道中卷入越深，对渠道的控制力越强。当分销渠道变得越来越长时，企业对价格、销售量、推销方式和零售形式等的控制力就会削弱。为了及时地掌握市场变化，更加了解营销渠道的情况，以扩大销量，企业需要增强对分销渠道的控制力。

4. 覆盖（Coverage）

一般而言，中间商的营销网络市场覆盖率越高、覆盖面越广，其产品推广与市场开拓能力越强。因此，企业应该尽量选择那些市场覆盖面广的中间商经销本企业的产品。

5. 特点（Character）

企业所选择的分销渠道必须适合企业本身及其产品的特点，企业要考虑中间商的销售对象是否与企业所要进入的目标市场一致，即所要选用的中间商的经营范围应该与生产企业的产品销路基本对口。

6. 连续性（Continuity）

在市场营销实践中，企业选择的一些中间商可能是一些小型中间商。这些中间商的经营状况比较不稳定，寿命有时很短，常常因为各种原因倒闭或转业，企业就可能随之失去在该地区的市场。另外，有些批发商特别是零售商，做生意缺乏连续性，商品走俏能赚大钱时，他们便乐于经销；当商品销路欠佳或利润较低时，就会拒绝进货。因此，制造商选择中间商时也须注意维持连续性。

7. 信用（Credit）

信用是指中间商的信用度的大小，这一点往往会被忽略。在营销实践中，商品销售状况良好但回款能力极差的中间商应该慎重考虑。否则，企业会因资金周转问题而陷入困境。

8. 能力（Capability）

企业应从开拓市场的能力、营销能力、管理能力、提供技术支持与售后服务能力、商品的储存运输能力等方面对中间商进行考察，以作出正确的选择。

（三）管理分销渠道

企业应从以下几个方面管理分销渠道：

1. 制定渠道驱动政策

企业对经销商的吸引与控制一般通过相关的销售驱动政策来实现，驱动政策是决定渠道好坏的重要因素与关键因素，称之为渠道驱动因素。常见的渠道驱动因素有：

（1）产品核心竞争力。包括产品的款式、花色、新品上市速度。

（2）市场管理能力。包括企业对市场秩序和价格体系的维护、渠道管理能力、服务能力、配送能力等。

（3）价格政策。包括产品的利润空间、库存周转等。

（4）渠道返利政策。包括商业补贴、提货返点、模糊返利、退换货政策、新品/样品政策、各种补贴政策等。

（5）市场推广政策。包括终端建设政策、广告政策、技术员投入政策，是否有新品推广专项费用等。

（6）企业的经营实力。

2. 激励渠道成员

生产商在选择确定了中间商之后，为了更好地实现企业的营销目标，促使中间商与自己合作，还必须采取各种措施不断对中间商给予激励，以此来调动中间商经销企业产品的积极性，并通过这种方式与中间商建立一种良好关系。激励渠道成员包括的主要内容有：研究分销过程中不同分销商的需要、动机与行为，采取措施调动分销商的积极性，解决分销商或分销执行者之间的各种矛盾等。激励中间商的方法有很多，不同企业所采用的方法并不相同，即使是同一家企业，在不同地区或销售不同产品时所采取的激励方法也可能不同。

运用得比较普遍的激励中间商的办法有直接返利、价格折扣、促销等物质及货币的激励，也可以通过帮助中间商获得更好的管理、销售的方法来间接激励。

3. 评估和调整渠道成员

（1）评估渠道成员的绩效。评估的内容包括：渠道运行环境评估、渠道战略与战术评估、渠道运行绩效评估、中间商及销售人员评估。

（2）调整和完善渠道。在分销渠道建设与管理的过程中，由于市场供求情况、营销环境、企业资源等在不断发生变化，要求企业对原来的分销渠道进行相应的调整。通常，渠道调整的做法有三种：

①增减渠道成员。即企业根据对渠道成员的评价结果或业务需要，对原有渠道成员做一定调整。当个别中间商经营不善而造成市场占有率下降，影响整个渠道效益时，可以考虑对其进行削减，以便集中力量帮助其他中间商做好工作，同时可重新寻找中间商替补。市场占有率的下降，有时是竞争对手分销渠道扩大而造成的，这时就需要考虑增加中间商的数量。

②增减某一条分销渠道。当企业在某一目标市场中仅通过增减个别中间商不能解决根本问题时，就要采取增减某一条分销渠道的做法。

③调整整个分销渠道系统。即对企业以往的分销渠道进行通盘调整。对企业来说，最困难的渠道变化决策就是调整整个分销渠道系统，因为这种调整不仅是渠道策略的彻底改变，而且产品策略、价格策略、促销策略也必须做相应的调整，以期和新的分销系统相适应，所以必须慎重对待。

四、促销组合的决策和实施

在促销组合的决策和实施过程中，企业应做好以下几方面工作：

（一）确定促销对象

通过企业对目标市场的调查与研究，界定其产品的销售对象。明确了产品的销售对象，也就确认了促销的目标对象。在确定促销对象时，要考虑它的特征，包括市场的地域范围和地域特点，以及目标顾客的年龄、性别、文化程度、价值观念、风俗习惯等，以便为确定促销组合提供依据。

（二）确定促销目标

不同时期和不同的市场环境下，企业开展的任何促销活动都有着特定的促销目标。企业的产品处于生命周期的不同阶段时，促销的目标和诉求差异很大。而不同的促销目标对促销组合的选择和运用有很大的影响，因此企业需要先确定出本次的促销目标，包括短期促销目标、中期促销目标、长期促销目标。必须注意的是，企业促销目标的确定必须服从企业营销的总体目标。

（三）确定促销时机和促销期限

促销时机和促销期限直接影响促销的效果，因此企业在进行促销时必须加以考虑。一般来说，促销时机的选择应结合消费需求时间的特点以及总的市场营销战略来确定，日程安排上应注意与生产、分销、需求的时机和日程协调一致。促销期限不宜过长或过短，具体的活动期限应综合考虑产品的特点、消费者购买习惯、促销目标、竞争者策略及其他因素，按照实际需求而定。

（四）确定促销组合和促销手段

企业应根据不同的市场情况，将人员推销、广告、营业推广和公共关系四种促销方式进行适当搭配，确定促销手段和方式，使其更好地发挥整体的促销效果。

（五）确定促销预算

企业应根据自身的财力作出促销预算，确定企业在促销方面可支出多少经费。不同行业的促销费用差别很大，同一行业的企业由于企业实力不同，促销费用也有较大差别。

（六）试验、实施和控制促销活动

确定促销组合、促销工具和促销预算后，促销方案已基本形成，但一定要经过试验才能予以实施。通过试验，可明确所选用的促销组合和工具是否适当、促销时间和时机是否合适、促销预算是否合理等。同时，对每一项促销活动都应该确定实施和控制计划。在方案的制定及执行过程中，应有相应的监控机制作保障，并有专人负责控制事态的进展，一旦出现偏差或意外情况应及时予以纠正和解决。

（七）评估促销效果

促销方案执行后，企业必须评估它对目标对象的影响及促销的实施效果。对促销效果评估的方法依市场类型的不同而有所差异。评估后，企业可以根据自己的营销目标进行促销方案的调整，并对有关单位和部门进行奖惩。

同时，在促销组合的决策和实施过程中，企业要对市场有敏锐的洞察力，要密切注意竞争对手的促销情况和市场相关影响因素的变化情况，随时根据需要调整促销方案。

案例 1：小米“火烧”印度

当前印度人口总数居世界第二位，印度的手机注册用户超过 9 亿，但只有 1.1 亿～1.2 亿人拥有智能手机，也就是说印度的智能手机普及率只有大约 10%。不过，眼下印度的互联网和移动互联网似乎正在成为全球创新经济生态下的一个热门市场。数据显示，印度是中国和美国之后智能手机出货量第三大的国家，且和已经触及天花板的中国不同，印度智能手机出货量目前保持着高达20%的年增长率，因此这个人口基数巨大的新兴市场正在成为中国手机公司厮杀的新战场。

2014年7月15日，小米首次开始在印度市场接受预定，一周后，米3开始第一轮抢购，不到40分钟卖光。第二轮抢购发生在7月29日，小米的网上零售伙伴Flipkart（印度数一数二的电子商务网站）的服务器再次崩溃。8月12日，米3在印度新一轮抢购中迅速卖完，小米官网贴出售罄告示。小米全球副总裁雨果·巴拉在Twitter上说："在新一轮抢购中2万台米3在2.4秒内卖光。"印度消费者纷纷在Twitter上抱怨小米难抢，甚至有人戏称"我的妹妹们比印度市场的米3还要多"。小米公司印度业务的管理者马努·库马尔认为，小米大大低估了印度的需求，正在调整（中国）工厂的生产计划，减慢为其他国家供应的其他手机的生产，加快生产供应印度的米3。

自2014年7月宣布进军印度市场以来，小米手机在短短的三个季度里，仅仅通过网络预售，这个陌生的品牌就在智能手机市场中占据4%的份额，位列第五并且后劲十足。

2015年4月24日，在新德里的SiriFort大会堂（奥巴马曾演讲过的场所），小米发布了其第一款专门面向中国内地以外市场的旗舰手机——Mi4i，这款手机是专门针对印度市场开发的。印度是小米最大的海外市场，"i"被解读为代表印度，因为"India"的第一个字母为"i"。当天，在场边排队等待购买小米手机的印度"米粉"甚至排起了长龙。"我可以为小米而死!"这是《华尔街日报》在小米印度发布会上报道的一位17岁米粉的话。这位米粉是位大学生，特地花了7小时从旁遮普邦赶到新德里参加小米发布会。

小米在印度为什么会火？有关媒体调查后得出了以下的原因：

首先，小米手机的高性价比很适合印度市场。由于经济水平有限，印度人对价格非常敏感。令印度"米粉"振奋的是，小米新出的Mi4i硬件配置相当不错，很多配置都超过Mi4，最后打出的价格竟然才12 000卢比（约1 200元人民币），比同配置的国外其他品牌少一半以上。另外，该款手机还接受货到付款，这是针对信用卡消费不发达的印度市场推出的举措。

其次，印度消费者很容易"发烧"，小米的网络抢购策略很适合印度市场。印度人甚至把小米称为"Dragon"（龙），抢到的人会疯狂地说："我抢到龙了。"在这一次新德里的发布会上，印度的米粉可谓"极度疯狂"。只有1 600个座位的会场，注册申请入会的人超过10 000。据媒体报道，在炎热的夏日里，提前3个小时会场外已经排起了长队。印度的发烧友还特地绘制了小米的卡通画在场外宣传，这令人联想起印度宝莱坞明星见面会。在印度这个网络购物刚刚兴起的国家，小米的成功甚至可能会加速印度的电子商务市场的发展。

再次，小米的印度本土化战略是关键。中国企业在印度本土化形象不足，小米更加需要淡化中国色彩。小米的全球副总裁雨果·巴拉曾就职于谷歌，他有着白人的面孔，给小米的全球化形象增添了巨大的无形价值。小米的印度发布会上，雨果全程用英语主讲。同时，小米一直在寻找投资印度本土企业的机会，吸引了印度最大的塔塔集团的合作投资，并快速在印度设立了研发中心，使印度消费者得到更本地化的产品。而且小米与富士康科技集团通力合作，尽快让小米手机能够在印度生产，积极响应印度总理莫迪提出的“印度制造”计划，表现出极大的本土化热情。

最后，小米在营销上也花费了不少功夫。雨果·巴拉和林斌两位高层经常在社交媒体上与印度网民互动，并举行见面活动。一直以来，小米在中国国内主张粉丝经济，而不是花大价钱打广告，而在印度却花了30多万美元在印度历史最悠久的英文报纸《印度时报》头版上投放广告，因为很多印度人还是更加习惯从报纸和电视渠道了解产品信息。同时，小米正计划布局印度的体验店，这将有力地去弥补印度网络不发达的制约。

如今，小米已经制定了更加雄心勃勃的计划，小米的目标是到2020年占据印度智能手机市场份额的第一位。

资料来源：http：//www.xiukee.com/show_263644.html.

问题：

1. 请结合上述案例，从4P策略的角度分析小米手机在印度市场成功的秘诀。
2. 你认为小米手机的互联网直销模式及饥饿营销模式分别有哪些优劣之处？

案例2："不想洗碗"的创意秀

在中国，饭后洗碗是一个让人“累觉不爱”的传统。调查显示，一方面，在90后的年青一代中不想洗碗的人群占到90%以上，越来越多的人自曝自己是“懒癌”患者，为了逃避洗碗引发“家庭战争”的事例屡见不鲜。但另一方面，当下洗碗机市场尚处于消费者培育阶段，观念上的缺失成为最大阻力。

西门子洗碗机的营销思路，从找到消费者的痛点开始，激活每个人隐而不发的“我不想洗碗”情结，借助社交沟通利器，从而拓展西门子洗碗机的认知度，确立市场领导者的品牌地位，“我不想洗碗”的阶段话题应运而生。

一条微博引发全民吐槽

整个营销事件由一条微博触发。2014年8月20日，一位名叫“摄影师苏小糖”的网友在微博上抱怨“我不想洗碗”，同时还发挥女文青的手工特长，利用五花八门的食材，把讨厌洗碗的心情变成碟子创作，引发网友纷纷跟进吐槽。

8月21日，西门子家电迅速作出回应，不仅含情安慰“妹子别哭”，更大赞创意，破例决定送给她一台西门子洗碗机。这个看似“头脑发热”的决定，引发了更多网友集体性羡慕，加上大V推波助澜，各种“我也不想洗碗，跪求再送一台”的声音高涨，把西门子家电推到潮头浪尖。

顺应民意推出洗碗机福利

8月22日，西门子家电官方微博作出承诺：只要在碟子上创作“我不想洗碗”，通过微博、微信、线下三大平台参与晒碟照，就有机会赢西门子洗碗机，隔天送一台。

除了全民晒碟，微信平台还有更多有趣玩法。使用方言、戏剧等腔调，大声喊出“我不想洗碗”可以自造有声海报；通过 UGC 方式，输入不想洗碗宣言，还可订制专属个性海报，通过朋友圈扩散，吸引更多人关注和互动。

“我不想洗碗”一句话本身已具备了一个好话题的爆发性能量，“画碟子赢洗碗机”的互动方式不仅门槛低，人人都能动手参与，而且一字千金的洗碗机大奖、隔天送出一台的激励空前诱人，大大助长了网民的参与热情，形成巨大的传播声浪。

一句偶然吐槽竟发酵为一场全民晒碟狂欢。毫无疑问，看似漫不经心的偶然，其实出自西门子家电的精心布局，以一个微博小号为导火索，不露痕迹引爆话题，同时演绎“借梯上楼”的营销谋略，让全民吐槽为我所用。

“我不想洗碗”话题带来的宣传效果出乎意料，此后的短短 10 多天收到全国各地网友的碟子创作数千件，截至 9 月 4 日，已送出 6 台洗碗机，媒体总曝光量过亿次，微博转发过 10 万次，评论超过 5 万次，微信阅读量接近 8 万次。在不知不觉中，西门子洗碗机的市场领导者的品牌形象得到了社会各界的广泛认知。

资料来源：http：//www. adquan. com/post-3-28381. html.

问题：

1. 西门子洗碗机是如何抓住微博话题来吸引消费者对本公司相关产品和品牌的关注？
2. 通过新媒体向目标消费者传达产品及品牌信息有什么优势？

整体市场推广策划方案格式及要点

第一部分 前言

（策划方案目的及目标的说明）

第二部分 市场调研及分析

一、背景调研及分析

1. 国家政治、经济政策影响；
2. 科学技术环境；
3. 自然环境；
4. 社会文化环境；
5. 其他因素。

二、行业动态调研及分析

1. 行业饱和程度；

2. 行业发展阶段及水平；

3. 行业技术及相关技术发展；

4. 行业发展前景。

三、竞争状况调研及分析

1. 潜在进入者调研及分析

(1) 行业进入成本/壁垒；

(2) 行业退出成本；

(3) 进入后对本企业的威胁；

(4) 对竞争者的威胁。

2. 现有竞争者调研及分析

(1) 财务状况、财务支出结构；

(2) 企业生产能力、产品质量、生产水平；

(3) 员工能力、待遇，公司对员工的激励、考核、培训（员工调查）；

(4) 企业策划、销售、执行能力的调研（员工意见）；

(5) 产品各品项研究：定位、包装、价格、市场目标受众、竞争优势（员工及顾客意见）。

3. 替代品调研及分析

(1) 替代品工艺；

(2) 消费者认可程度；

(3) 发展态势。

4. 互补品调研及分析

(1) 是否存在互补品；

(2) 互补品价格；

(3) 互补品对产品的要求；

(4) 互补品发展趋势及其未来新要求。

四、原料供应商调研及分析

1. 可供选择的供应商；

2. 原材料是否有替代品；

3. 供应商的讨价还价能力；

4. 企业对其依赖程度；

5. 供应商的供应能力。

五、中间商调研及分析

1. 中间商的性质：配送商、经销商、代理商（独家、总代理）；

2. 中间商对企业产品的依赖（关注）程度（相对数值）、企业产品占用中间商资金的比例、给予中间商的利润比例等；

3. 中间商给予企业产品的支持（绝对数值）：配送能力、资金实力、人力等。

六、企业内部调研及分析

1. 财务状况、财务支出结构；

2. 企业生产能力、产品质量、生产水平；

3. 员工能力、待遇，公司对员工的激励、考核、培训（员工调查）；

4. 企业策划、销售、执行能力的调研（员工意见）；

5. 产品各品项研究：定位、包装、价格、市场目标受众、竞争优势（员工意见）。

七、消费者调研及分析

1. 消费者背景研究：收入、受教育程度、年龄、性别、家庭组成、种族、职业等；

2. 消费者对产品和竞争产品的认知及态度：质量、价值、包装、型号、品牌声誉、品牌形象等及其认知差别；

3. 消费者的使用情况：购买动机、购买量、何时使用、如何使用等；

4. 购买角色；

5. 消费者对现有营销活动的评价：对广告的接受程度、对营业推广的理解等。

第三部分　企业战略及产品策略的制定

一、企业战略制定

1. 战略思想；

2. 战略步骤；

3. 目标市场选择；

4. 市场定位。

二、产品策略制定（提供原则或标准）

1. 产品

(1) 品项：市场定位、目标受众（打击竞争产品的专有品项）；

(2) 包装：陈列显著、方便、符合产品定位、价格等。

2. 价格

(1) 是否符合企业战略（长线产品/短线投资）；

(2) 是否符合产品定位：

①利润为主/市场占有率为主；

②根据产品市场定位不同，采取不同价格策略；

③保留个别低利润甚至无利润产品，该品项的各种市场表现（如包装宣传诉求点等）。

3. 渠道

(1) 一般通路。对经销商的选择、管理控制、返点等。

(2) 特殊通路。由于产品特性及价格不同，可以选择那些特殊通路，以便目标客户能够便利地获得该产品。

（3）新终端开发队伍。

（4）直营队伍。对于一些特殊情况，如经销商的流失，直营队伍可暂时性地弥补空白市场。

（5）客户数据库的管理。业务代表前期市场推广积累的客户资料及经销商自身对终端的开发，这些终端资料应当及时地通过业务代表以书面的形式提交公司。公司对这些资料进行有效管理可以避免因其业务代表的流失而造成的终端流失。

4. 促销

（1）广告：诉求点。

（2）人员推销：

①人员的培训；

②人员的岗位界定；

③人员的考核；

④人员的激励。

（3）营业推广：

①对顾客。稳定主打产品价格，加强对品牌的宣传力度。

②对零售商。稳定价格，保证促销后价格能够恢复，销量得以维持；或者在短时间内抢先占领货架。

③对中间商。尽量减少短期促销活动，原因有二：一是会破坏市场，影响终端价格体系；二是经销商对终端很可能没有进行促销利益分配而占为己有，使之成为灰色收入。

（4）公共关系。事件营销：把握正确的营销事件。直接告知消费者的营销事件应当包含消费者利益点，并且该信息是以直接明了的方式告知消费者利益点。

第四部分　具体执行计划和实施（建议方案）

一、产品设计

二、价格设计

三、渠道设计

四、促销设计

第五部分　费用预算分配

第六部分　结束语

模块 5　团队项目实战训练

1. 项目任务

为模拟公司制定产品策略、价格策略、渠道策略和促销策略。

2. 步骤及要求

（1）明确组内分工；

（2）了解产品策略、价格策略、渠道策略和促销策略制定的程序和方法；

（3）小组内讨论分析的基础上进行调研、策划、整合思路；

（4）归纳总结；

（5）每个团队提交一份模拟公司产品策略、价格策略、渠道策略和促销策略分析报告（3 000 字以上）。

3. 过程评价

（1）小组长评价组员；

（2）组间互评；

（3）教师打分；

（4）教师对项目成果打分。

一、判断题

1. 产品是市场营销组合中最重要的因素，其他如价格、分销、促销等因素必须以产品为基础进行决策。（　　）

2. 促销功能是品牌最基本、最原始的功能。（　　）

3. 美国杜邦公司在推出新产品时，往往尽可能把价格定高，以后随着销量和产量的扩大，再逐步降价，其采用的是渗透定价策略。（　　）

4. 宽渠道是指制造商同时选择两个以上的同类中间商来销售商品。（　　）

5. 企业在促销活动中，如果采取“推”的策略，则广告的作用更大；如果采取“拉”的策略，则人员推销的作用更大。（　　）

二、单选题

1. 企业所拥有的不同产品线的数目是产品组合的（　　）。

A. 深度　　B. 长度

C. 宽度　　D. 关联度

2. 用料上乘且设计精美的酒瓶，在酒喝完之后可用作花瓶或凉水瓶，这种包装策略是（　　）。

A. 配套包装　　B. 附赠品包装

C. 分档包装　　D. 再使用包装

3. 在赊销的情况下，卖方为了鼓励买方提前付款，按原价给予一定的折扣，这就是（　　）。

A. 业务折扣　　B. 现金折扣

C. 季节折扣　　D. 数量折扣

4. 下列（　）宜采用最短的分销渠道。

A. 单价低、体积小的日常用品　　B. 处在成熟期的产品

C. 技术性强、价格昂贵的产品　　D. 生产集中、消费分散的产品

5. 信息量大、互相沟通、成本较低，正被越来越多的企业所利用的广告媒体是（　）。

A. 广播　　B. 报纸

C. 电视　　D. 互联网

三、多选题

1. 产品整体概念包括（　）。

A. 核心产品　　B. 形式产品

C. 附加产品　　D. 期望产品

E. 潜在产品

2. 下列（　）产品适合采用无商标策略。

A. 电力　　B. 煤气

C. 服装　　D. 自来水

E. 沙石

3. 以下哪种价格形式属于差别定价？（　）

A. 公园对某些社会成员给予门票优惠

B. 在节假日或换季时机举行的“大甩卖”“酬宾大减价”等活动

C. 对不同花色、不同款式的商品所定的不同价格

D. 对大量购买的顾客所给予的优惠

E. 剧院里不同位置的座位的票价不同

4. 下列哪种情况适宜采取普遍性销售策略？（　）

A. 产品潜在的消费者或用户面广　　B. 企业生产量大、营销能力强

C. 产品技术性强　　D. 产品体积大

E. 产品易腐易损，需求时效性强

5. 以下属于营业推广的促销方式是哪几种？（　）

A. 订货会与展销会　　B. 优惠券

C. 赠品促销　　D. 为残疾人举行义演

E. 上门推销

四、简答题

1. 开发新产品的程序包括哪几个阶段？

2. 品牌有哪些作用？品牌统分策略有哪些？

3. 企业定价的营销目标主要有哪些选择?

4. 简述直接分销渠道和间接分销渠道各有哪些特点。

5. 什么是促销组合?企业促销组合的四种方式是什么?

项目六 开展商务实战

学习目标

了解销售活动的完整过程，掌握现代销售方法和技巧，了解销售人员应具备的素质和能力，掌握客户的开发和拜访、顾客异议的处理、交易的促成、客户关系管理的技巧和方法。

学习要求

1. 掌握销售前的准备；
2. 掌握客户开发和客户拜访的方法和技巧；
3. 掌握处理顾客异议和促成交易的方法；
4. 掌握客户关系管理的方法。

能力目标

1. 能够制定有效的客户开发计划；
2. 能够分析和鉴别客户；
3. 能够规划拜访、控制拜访过程；
4. 能够进行销售洽谈、处理顾客异议、促成交易；
5. 能够进行客户管理。

张先生买衣服的故事

某天，张先生去超市的路上经过一家商场，他看到一件短袖上衣的颜色和款式很好，又听售货员说在搞活动，全场3.2折，才310元，他试了常穿的尺码，很合身，就买下了这件“雅戈尔”品牌的上衣。两个售货员很高兴地看着张先生交钱后，将包装好的衣服递给了张先生，恭恭敬敬地说道：“谢谢您，下次再来！”可张先生刚走出“雅戈尔”店两步，就被一个满脸堆笑的中年妇女叫住了，她说：“先生，买了一件漂亮的上衣，不配条裤子吗？”她的一句话提醒了张先生，他正缺一条裤子。她紧接着说：“我们家的牌子是‘罗蒙’，有许多新款裤子。”说着就把张先生带到了裤子前面，并且给张先生推荐了好几种款式和颜色的裤子，张先生最后选了一条淡黑色的裤子。

随后，她又对张先生说：“你可以拿着付款单去领取小礼物，我带你去。”张先生走出了“罗蒙”店门，“雅戈尔”店的两位女士诧异地看着张先生说：“我们家也有裤子呀！”张先生说：“你们没有给我介绍呀？而且我也没有看到，本来去一次收银台多好，哎！”笑了笑，张先生去付款了。

张先生与锁边大妈聊到了这个过程，大妈笑了笑说：“噢，‘罗蒙’店的那个中年售货员姓邢，去年是我们商场服装部的销售冠军！”

资料来源：http：//mt. sohu. com/20160412/n443961978. shtml.

请思考：

1. 什么是销售？不同销售员的差距在哪里？
2. 一个人的成功和失败都是有道理的，大家怎么看？

模块1 基本知识

一、客户开发

（一）客户开发前的准备

客户开发前的准备工作包括以下几项：

1. 了解所销售的产品

开发客户之前，销售人员要先问自己到底在卖什么，即要了解产品具有哪些优点，有哪些人会急切地需要这些产品。销售人

> **资源**
> 案例：销售高手：随时随地寻找客户

员不仅要站在自己的角度想我们在卖什么，而且要站在客户的立场、站在客户的角度问自己：我们到底在卖什么？我们的产品能为客户创造什么价值？弄清楚这几个问题，才能更精准地知道哪些人会成为自己的客户。

2. 确定目标客户

确定目标客户对销售人员来说是非常重要的。销售人员要知道哪些客户会和本公司合作，并把他们作为自己的工作目标，这样才能提高销售效率。目标客户除了对本公司的产品有需求外，还要有购买力，并且能对本公司的产品特点产生偏好。

3. 了解竞争对手的产品

企业要了解主要竞争对手产品的销售政策、品种组合情况、渠道分布与管理情况、占有密度、批零价格、展示及促销办法。了解竞争品牌状况的主要目的是利于企业制定具有针对性的销售政策和价格政策。同时，企业应对竞争对手的客户网络状况进行分析，确定是否可以借用共享或为己所用。

（二）客户开发的渠道

客户开发的渠道包括：

1. 当前客户

同一公司的其他部门可能正在向销售人员不知道的一些客户进行销售。为此，销售人员可以从这些部门获得客户目录清单以及与这些客户有关的有价值信息。这些目录清单可能包括一些自己以前忽略的潜在客户。由于这些客户是公司的老主顾，因此非常有理由相信他们会对销售人员提供的商品或服务感兴趣。

2. 财务部门

财务部门能帮助销售人员找到那些不再从公司购买产品的从前的客户。如果能确定他们不再购买的原因，那么就有机会重新赢得他们。这些潜在客户熟悉公司提供的商品或服务，而且公司的财务部门对其信用也表示认可。另外，公司的财务部门可能还有与这些潜在客户签订信用合同的各种记录。

3. 服务部门

公司服务部门的职员能向销售人员提供新的潜在客户的信息。因为他们经常与从公司购买产品并需要维护或维修的客户进行接触，因此，他们更容易识别出哪些客户需要新产品。业务员要学会鼓励服务部门的人员提供有关潜在客户的各种信息，并且在他们的帮助下推销成功时，要给予其一定的回报。公司的送货员也容易发现潜在客户的需求。最后，还需要与非竞争对手企业的服务部门人员进行合作。

4. 公司广告

很多公司的订货增加是因为它们投放了大量电视和广播广告，在报纸、杂志上做了大量宣传，或者在特定区域内寄送了大量优惠卡。人们对这些措施的反应值得探究：他们为什么会有这样的反应呢？一般说来，有这些反应的人被称为活跃的潜在客户。在推销过程中应尽量发挥公司广告所带来的好处。

5. 展销会

在一个大城市里，每年要举行各种类型的展会，有汽车展、旅游用品展、家具展、电脑展、服装展、家庭用品展等，名目繁多。公司要记下每个到展台的参观者的姓名、地址和其他有关信息。然后，把这些信息交给业务员，以便他们进行跟踪联系。公司一定要迅速找到并吸引这些潜在客户，因为展会上的其他公司同样会对他们感兴趣。

6. 电话和邮寄导购

很多公司会寄出大量的回复卡片，或是雇人进行电话导购联系。使用这一方法可以获得大量潜在客户，而且几乎所有的公司都可以运用这一方法吸引感兴趣的潜在客户。

7. 销售同行

其他非竞争公司的业务员经常可以提供有用的信息。在与他们的客户接触时，可能会发现对你公司产品感兴趣的客户。如果你与其他业务员有“过硬”的关系，那么他会把这些信息通知你。所以，业务员要注意培养这种关系，并且有机会时给他们提供同样的帮助。

8. 名录

目前，市面上有很多带有姓名和地址的特殊目录或数据资料出售，企业可以买到需要的名录。例如：可以买到包含所有幼儿园名称和地址的目录、全国所有水产养殖场的名称和地址的目录、所有汽车销售代理商的名称和地址的目录等。很多行业协会或主管部门也有其成员或下属机构的名录。包含公司管理人员姓名和地址、企业地址、财务数据及其相关产品的大型名录在大型的公共图书馆或大学图书馆中都可以找到。很多商业名录将公司按照规模、地理位置和商业性质进行分类。这些名录是寻找新的潜在客户的一个绝好出发点。同时，除了从名录手册中获取信息，也可以从互联网中获取信息。使用计算机数据库非常简单，进入系统后，只要输入想要查询信息的关键字即可。

9. 社团或组织

如果企业的产品或服务只针对某一个特定社会团体，如年轻人、上班族、银行从业人员、学生、零售商、律师或艺术家，那么这些人可能属于某个俱乐部或社团，因此，企业应通过各种手段与这些社团或组织保持特定的联系。

10. 报纸和杂志

业务员应多留意宣传印刷品，可以从中发现许多潜在客户的线索。报纸上刊登的工厂或商店扩建的新闻对业务员会很有帮助。在商业杂志以及其他一些杂志上，可以找到更多的商业机会。专业杂志对于许多产品的业务员有重要意义，业务员应了解一下本行业的杂志并从中寻找潜在客户的线索。

（三）客户的评价

在产品推销实践中，并非每一位客户都能成为推销人员的目标客户。推销人员要评价所收集的客户是否具备成为目标客户的条件。只有准客户具备了一定的资格条件，才能正式将其列入目标客户名单中，建立客户资料卡，作为产品的推销对象。

对客户的评价一般从四个方面进行，即客户需求评价、客户购买能力评价、客户购买权力评价和客户购买信用评价。

1．客户需求评价

客户需求评价的目的在于确定客户名单上的具体对象是否真正需要所推销的商品，一般从下述两方面进行评价：

（1）估计客户需求的可能性。这很大程度取决于推销人员的判断，客户表示需要是最好的情况，但一般情况下，客户大多会表示不需要。推销人员应明确客户需要的真实性，如果是真不需要，就应将其从准客户名单中划去；如果是尚未意识到对推销品的需求，就要激发客户对该商品的欲望；如果是因某种原因（如资金）或者传统习惯暂时不需要，对这样的客户就要重点培养。

（2）估计客户的需求量。在确定了准客户的名单后，还要对客户的实际需求量有所了解，要把重点放在需求量大、有长期需要的客户身上。对需求量的估计，既要看客户现在的需求量，也要看客户将来的发展情况。

2．客户购买能力评价

客户购买能力评价的目的是选择具有推销价值的目标客户，那些不具备购买能力的客户对推销意义不大。

（1）对现有购买能力的评价。主要是对客户现有收入水平、经营状况等进行调查。可从内外两个方面进行：内就是从内部了解财务状况，摸清实际支付能力；外就是对表面现象观察判断，然后作出估计。

（2）对潜在购买能力的评价。对于有些因发展或资金流动等原因出现暂时困难，或具有潜在购买能力，将来可能成为客户的人群，应保留其准客户的资格，可用延期付款或分期付款等方法促使其购买，或保持联系，待客户状况好转后再推销。

3．客户购买权力评价

无论是个人消费还是集团消费，最终必定是跟一个具体的人达成交易的，这个人有购买权，所以有的放矢很重要。对于个人或家庭消费者，准确地判断谁是购买者较难，最好是对家庭人员都礼貌客气，礼节周全终归不是坏事；对集团消费来说，一般而言，职务越高，权力越大，但有些大型单位由于部门分工明确，购买的决策者往往在中层或基层。

4．客户购买信用评价

这涉及推销后货款能否安全收回的问题。同时，确认顾客是否诚信也十分重要，不仅要调查并了解新客户的信用状况，也要注意老客户的信用状况变化。

二、推销拜访

（一）访前准备

拜访客户前的准备工作包括：

1．提前与客户约好拜访时间

拜访客户前，一定要提前与客户约好拜访时间。如果没有与客户约好拜访时间，就直接登门拜访，是对客户的一种不尊重和非常鲁莽的行为，会使客户对拜访者产生强烈的不信任感，从而导致商业合作中断。

拜访客户的时间很有讲究。一般来说，上午 9 点到 9 点半、下午 2 点到 3 点之间是适合拜访客户的时间。在这个时间段拜访客户，一方面，客户正好在上班，双方精力都很充沛，精神状态也非常不错；另一方面，双方都有充足的时间来进行深入的沟通和交流，如果谈到兴浓时，双方还可以约好一起吃午餐或晚餐，继续深入沟通。

选择其他的时间段拜访客户，则需要看拜访对象是谁，预计拜访时间要多长，并做好相应的安排。例如：拜访一个非常重要的客户，而这个客户是喜欢占小便宜的人，那么应该"顺应"客户的需求，主动提出在上午 10 点半到 11 点，或者是下午 3 点半到 4 点半之间拜访他，然后谈论一个多小时，就可以直接约好一起出去吃饭。原则上，不建议在上午或下午刚上班时间就去拜访客户，因为这些时段往往是客户处理杂事、安排工作的时间，客户会非常忙，其重心和关注度也不在此次商业合作上。

2．提前了解客户的相关信息

客户的姓名、性别、职位、大致年龄、话语权、专业知识熟练程度、地址/行车路线、座机/手机、兴趣爱好等相关信息，拜访者必须提前了解。

如果前期沟通到位，那么拜访者还可以获悉客户的民族、籍贯、学历、经历等若干信息。这些信息有助于拜访者在正式拜访客户时，恰到好处地与客户进行沟通、交流，促成商业合作的达成。

新人最常见的失误就是"满腔热血、头脑发昏"地拜访客户，对客户的相关信息一无所知，自认为自己有激情和感觉，就能赢得客户的信任和尊重，达成合作的意愿。事实上，这是一种永远的"幻想"。

3．提前准备好拜访资料

拜访者必须提前准备好相关的拜访资料，包括：公司宣传资料、个人名片、笔记本电脑（演示 PPT 和软件操作所用、需配备无线网卡）、软皮笔记本（公司统一发放、用于记录客户提出的问题和建议）等。如果有必要，还需要带上公司的合同文本、产品报价单等。其中，包括公司提供的产品类型、单价、总价、优惠价、付款方式、合作细则、服务约定、特殊要求等。有条件的时候，拜访者还可以随身携带一些价格不太高的小礼物赠送给客户。

4. 提前准备好打击竞争对手产品的措辞

“知己知彼，百战不殆。”在拜访客户前，拜访者必须提前准备好打击竞争对手产品，尤其是主要竞争对手的措辞，不能临时抱佛脚，这点非常重要。

优秀的拜访者在进行正式拜访前，已经做了大量准备工作，并且比较容易获悉主要竞争对手是谁。客户在作出最终决定前，往往会货比三家。拜访者必须针对这些主要竞争对手提前准备好措辞。主要包括：与主要竞争对手的区别是什么？自己的优势是什么？竞争对手的优势和弱势是什么？相比竞争对手，自己的比较优势是什么？这些措辞的提前准备非常有助于拜访者在拜访过程中直接“攻克”客户的心理防线。

当然，如果拜访者在拜访前并不知道主要竞争对手是谁，那么可以针对市场上的主流品牌，“虚设”自己的主要竞争对手，然后参照上面所说，列举出自己的比较优势、竞争对手的弱势和不足等。这样可以基本确保在拜访客户时，不会处于被动的局面。

（二）拜访客户的技巧

1. 建立客户信任

（1）应表现出职业化的行为，问候、握手、交换名片、坐姿等一切都严格遵守商务礼仪的要求，让客户感到你是一个训练有素的推销员。

> **资源**
> 动画：拜访客户的技巧

（2）展示自己及本公司的价值和实力，包括介绍公司、展示公司的相关经验和服务能力。

①介绍公司：介绍公司时要突出公司的服务经验、专业能力、优势、特色以及重要客户，时间要短，最好控制在30秒以内。

②展示相关成就：展示与拜访对象相关的经验和客户评价。如果推销员的相关行业服务经验丰富，可以淡化公司介绍中的重要客户，而突出你的相关客户。

③个人能力展示：如果推销员在相关领域有专业证书或者丰富的经验，就可以展示给客户，以增加其对推销员的信任，这对推销也是有好处的。

2. 设计开场

所有推销员都时常遇到准客户的冷淡态度，打破冷淡气氛以顺利进行推销工作往往是令新入行的推销员头痛的问题，甚至有较多经验的推销员也常常不能很好地解决。所以为了打破准客户的冷淡，推销员应该周密计划初次见面时所说的话。开场有两个作用：一是宣布销售洽谈正式开始，二是抓住客户的注意力。开场白到底如何设计，并没有一个简单、概括的答案。以下几种方式可供参考，可在推销时随时加以运用。

（1）以提出问题开场。在这种开场白中，推销员可以提出一个与客户的需要有关系，同时又是所推销产品能带给其满足而会使他作正面答复的问题。推销员要小心地提出对方可能会回答“不”的问题。例如：你可以问：“你希望降低20%的原料消耗吗?”你甚至可以连续地向对方发问，以吸引对方的注意。例如：“你看过我们的某某产品吗?”客户回答：“没看过呀!”这时，推销员可回答：“这就是我们的产品”，同时展示样品，接着可说：“鄙公司派我特地来拜访您。您觉得我们的产品如何?”

(2) 以讲述有趣之事开场。有时以讲一件有趣之事或笑话开场，也可以收到意想不到的效果。但一定要明确目的不仅仅是带给客户快乐，所讲的事一定要与产品的用途有关，或者能够直接引导客户考虑该产品。

(3) 以引证别人的意见开场。如果你真的能够找到一个客户认识的人，他曾告诉你客户的名字，或者告诉你该客户对于产品的需求，那么你可这样说：“王先生，你的同事李先生要我前来拜访，跟你谈一个你可能感兴趣的问题。”这时，王先生自然会对你提出的事情感兴趣，你便成功吸引了客户的注意。同时，客户对你也会感到比较亲切，但你切勿虚构朋友的介绍。

(4) 以赠送礼品开场。以赠送诸如钢笔、针线包、笔记本等一类的小礼品作为开场，主要是在推销消费品的时候运用比较有效。所赠送的礼品一定要与所推销的商品有关系，这点很重要，因为这样一来完全可以在送礼品的同时，顺便地提到你所推销的商品。

3. 了解客户

推销员一般需要了解三方面的客户信息：

(1) 客户需求。需求是购买的起源。没有需求就没有购买。因此，了解客户的信息最重要的是了解客户需求。需求调查不能以产品为中心，而要以客户为中心。例如：问客户为什么要买这个产品、买产品做什么用、客户已经具备了哪些应用条件、将来谁来操作和管理产品等。推销员应引导客户讲出需求，而这些需求和哪些产品相关是推销员要帮助客户分析的。需求调查很重要，它决定了推销员的销售方向。因此，要认真了解客户的需求。

(2) 客户的采购标准。客户的采购标准包括对产品和供应商的要求。了解客户对产品和供应商的要求，一方面，可以提高推销员展示的针对性，增强客户的影响力；另一方面，可以尽早发现销售障碍，及时想办法消除。

(3) 其他方面的信息。如客户购买决策链、预算、采购进程、购买数量等，这有助于推销员制定正确的销售策略。

4. 介绍产品

无论是新产品还是老产品，对于客户来说，都是因为有需求才会对产品产生兴趣。因此，介绍产品是决定拜访能否顺利开展的关键一步。在介绍产品时要注意四点：简洁、参与、比较和价格。

视频：一分钟产品介绍

(1) 简洁。对于客户来讲，每天接触到的信息可能很多，推销员只有用最简洁的语言才能使客户产生好的印象。此外，客户留给推销员的时间也是有限的。

(2) 参与。在介绍产品时，推销员必须尽量让客户参与进来，目的是满足客户的好奇心以及求知欲和占有欲，为自己争取更多的介绍产品的时间。

(3) 比较。如今产品同质化严重，客户的可选择性非常大，推销员只有把自己的产品和同类产品做比较才能在最短的时间内让客户记住产品。

(4) 价格。价格不是成交的关键因素，但客户对价格又往往是最敏感的。因此，在介绍价格时力求清楚。

5. 处理客户异议

在推销过程中，推销员总会遇到客户的各种异议。例如："太贵了""效果真像你说的那样吗""我不需要你们的产品""我已经选择其他的品牌了"等。此时，推销员该如何处理客户异议而进行下一步推销呢?

(1) 转化法。即利用客户的反对意见自身来处理异议。客户的反对意见是有双重属性的，它既是交易的障碍，又是一次交易机会。推销员要是能利用其积极因素去抵消其消极因素，未尝不是一件好事。这种方法是直接利用客户的反对意见，将其转化为肯定意见，但应用这种技巧时一定要讲究礼仪，而不能伤害客户的感情。此法一般不适用于与成交有关的或敏感性的反对意见。

(2) 转折法。是推销工作的常用方法，即推销员根据有关事实和理由来间接否定客户的意见。应用这种方法时，首先承认客户的看法有一定道理，也就是向客户作出一定让步，然后讲出自己的看法。此法一旦使用不当，可能会令客户提出更多的意见。在使用过程中要尽量少地使用"但是"一词，而实际交谈中却包含着"但是"的意见，这样效果会更好。只要灵活掌握这种方法，就会保持良好的洽谈气氛，为自己的谈话留有余地。

(3) 委婉法。推销员在没有考虑好如何答复客户的反对意见时，不妨先用委婉的语气把对方的反对意见重复一遍，或用自己的话复述一遍，这样可以削弱对方的气势。有时转换一种说法会使问题容易回答得多。但只能减弱而不能改变客户的看法，否则客户会认为你歪曲他的意见而产生不满。推销员可以在复述之后问一下："你认为这种说法确切吗?"然后再继续下文，以求得客户的认可。例如：客户抱怨说："价格比去年高多了，怎么涨幅这么高?"推销员可以这样说："是啊，价格比起前一年确实高了一些。"然后等客户的下文。

(4) 合并意见法。是将客户的几种意见汇总成一个意见，或者把客户的反对意见集中在一个时间讨论，以削弱反对意见对客户所产生的影响。但要注意不要在一个反对意见上纠缠不清，因为人们的思维具有连带性，往往会由一个意见派生出许多反对意见。摆脱的办法是在回答了客户的反对意见后马上把话题转移开。

(5) 反驳法。是指推销员根据事实直接否定客户异议的处理方法。理论上讲，这种方法应该尽量避免。直接反驳对方容易使气氛僵化而不友好，使客户产生敌对心理，不利于客户接纳推销员的意见。但如果客户的反对意见是产生于对产品的误解，而推销员手头上的资料可以帮助说明问题时，推销员不妨直言不讳。但要注意态度一定要友好而温和，最好是引经据典，这样才有说服力，同时又可以让客户感到推销员的信心，从而增强客户对产品的信心。反驳法也有不足之处，这种方法容易增加客户的心理压力，弄不好会伤害客户的自尊心和自信心，不利于推销成交。

（6）以优补劣法，又叫补偿法。如果客户的反对意见的确切中了产品或公司所提供的服务中的缺陷，千万不可以回避或直接否定。明智的方法是肯定有关缺点，然后淡化处理，利用产品的优点来补偿甚至抵消这些缺点。这样有利于使客户的心理达到一定程度的平衡，有利于客户作出购买决策。当推销的产品质量确实有些问题，而客户恰恰提出“这东西质量不好”，推销员可以从容地告诉他：“这种产品的质量的确有问题，所以我们才削价处理。不但价格优惠很多，而且公司还确保这种产品的质量不会影响您的使用效果。”这样一来，既打消了客户的疑虑，又以价格优势激励客户购买。这种方法侧重于心理上对客户的补偿，以便使客户获得心理平衡感。

（7）冷处理法。对于客户一些不影响成交的反对意见，推销员最好不要反驳，采用不理睬的方法是最佳的。千万不能客户一有反对意见，就反驳或以其他方法处理，那样就会给客户造成你总在挑他毛病的印象。而是应该耐心倾听，找到症结。面谈中把更多的时间留给客户，看上去客户是主动的意见发出者，而推销员是被动的接受者。其实不然，心理学家大量研究证明：诉说与倾听相比，倾听者有利。因为交谈中倾听者思考的速度大约是诉说者的5倍。因此，善于倾听的推销员可以有充分的时间，对客户真实的需求、疑虑进行准确的鉴别和判定，及时捕捉各种购买信号。

三、推销洽谈

（一）洽谈策略

洽谈策略包括以下几种：

1．先发制人策略

在洽谈中，常常会遇到一些棘手的问题，推销人员虽然可以解答，但会显得被动；有时问题越提越多，更难以解释清楚。要扭转这种被动的局面，推销人员可以适时地运用先发制人的策略。

> 资源
> 视频：谈判很简单，会说就会谈

2．曲线获利策略

推销人员应选择对方不易察觉的突破口，避免正面阻挡进攻的障碍，从似乎与原话题不相干的角度向洽谈目标迂回前进，让对方在交谈中不知不觉顺着自己的思路走，承认自己的观点和意见。它体现了避实就虚、乘虚而入、由虚到实的战略战术。所以，在正面强攻不下或不以正面进攻的情况下，它不失为一种灵活有效的说服策略。应注意洽谈的目标一定要明确，对迂回的路线要做到心中有数，步步为营，尽量选择有隐蔽性的话题，力求适应对方“心理相容”的需求，然后实施渐进过程，达到最后说服对方的目的。

3. 扬长避短策略

“扬长”就是在介绍商品时多讲商品的优点，通过洽谈使对方看清楚商品的优点及其所能带给客户的好处，而“避短”则是在洽谈中对某些并不关键的不足之处巧妙地加以掩饰。

4. 折中策略

这是一种由双方分担差距，相互向对方靠拢，从而解决洽谈分歧的方法。

（二）洽谈方法

洽谈方法包括以下几种：

1. 用数据说话

数据是说明事实的最好方法，如果推销人员用数据来介绍某一商品或服务，客户听完后马上对这种产品或服务有了比较明晰的概念。在销售实践中，也有许多优秀的推销人员十分善于运用数据来介绍商品或服务。

2. 讲故事

推销人员应该善于讲故事，并应讲得生动精彩，这样听故事的人才能听得比较投入。推销人员在向客户介绍自己的产品时，通过把商品信息融入故事中，介绍商品的利益，让客户了解商品，帮助他产生联想从而产生购买欲望。

3. 运用证明材料

如果在推销的过程中泛泛地介绍商品能够给客户带来的好处，使客户避免蒙受多少损失，能够满足客户的需要是不行的，推销人员还要通过证明材料让客户相信自己和所推销的商品。

4. 商品示范

商品示范即推销人员通过某种方式将商品的性能、特点、特色展示出来，使客户对商品有一个直观的了解。常用的商品示范的方式有：

（1）对比。有比较才有鉴别，当把新、老商品进行对比，或者与竞争对手的商品进行对比时，就可以把商品的优点和特点展示在客户面前，让客户信服。

（2）体验。体验就是让客户亲自接触商品。让客户亲自闻闻，感觉气味的芳香；让客户亲自尝尝，感觉入口的脆爽；让客户亲自摸摸，感受商品的质地。购买服装时，商家都会让客户试穿，亲身体验上身效果；许多大型超市专门让客户品尝某些食品，然后再决定是否购买。这些都属于体验。

（3）示范表演。为了增强示范的表现能力，推销人员应该学习一定的表演技巧，使示范动作增添戏剧性。例如：一个油污洗涤剂推销人员总是把身上的衬衣袖子弄脏，再脱下来当场洗干净，边洗边讲解，真实的表演使人不得不相信洗涤剂的去污功能。示范动作产生的效果是任何语言所不能企及的，可以极大地激发顾客的兴趣。

当然，虽然示范表演的效果很好，但如果推销人员向顾客进行示范表演时方法不得当，不仅起不到好的效果，还会适得其反。因此，推销人员在示范时，一定要讲究如下原则和方法：

①明确示范目的，做好示范准备。推销人员为什么要做示范呢？做示范就是要向顾客证明商品的特点和优点。推销人员在做示范之前，一定要弄明白想向顾客证实的是商品的哪些优点、哪些性能，然后根据示范目的做好准备。

②在使用中示范。示范不是仅仅把商品拿出来让顾客看一看、摸一摸这样简单，而是要让商品动起来、转起来、响起来，在运动中、使用中把商品的优点全面展现在顾客面前。

③让示范带有戏剧性。推销人员在示范的过程中要加上些戏剧性的情节，通过戏剧性的情节，使示范过程变得更生动、有趣，这样就更容易吸引顾客。

④让顾客参与。示范不仅仅是做出来给顾客看的，更重要的是让顾客也参与进来，让顾客亲自动手操作，加深顾客的体验。

⑤ 要动作熟练。推销人员在示范时动作要大方熟练，不可谨小慎微，否则顾客就会对商品质量产生怀疑。

⑥ 要突出重点。商品有众多性能和特色，推销人员不可能面面俱到地展示出来，这就要求向顾客示范商品的最特别之处，这样才有可能给顾客留下深刻的印象。

⑦ 让顾客说结果。在示范过程中，结果是显而易见的，但从顾客口中说出来，他会更加认可结论和商品的特性。推销人员要及时检验示范是不是达到了预期目的。

四、交易促成

（一）成交信号

推销成交信号是顾客通过语言、行为、感情表露出来的购买意图信息。顾客的成交意图有些是有意表示的，有些则是无意流露的，后者更需要推销人员及时发现。对于推销人员来说，准确地识别成交信号，把握时机是相当重要的。顾客成交信号可分为语言信号、行为信号和表情信号三种。

视频：成交信号

1. 语言信号

当顾客诚心购买时，推销人员从其语言中就可以判定。归纳起来，假如出现下面任何一种情况，那就表明顾客产生了购买意图：

（1）询问有关产品的更多细节。

（2）要求详细说明使用时的要求、注意事项以及产品的维修等售后服务。

（3）给予一定程度的肯定或赞同。

(4) 讲述一些参与意见。

(5) 请教使用商品的方法。

(6) 打听有关商品的详细情况（价格、运输、交货时间、地点等）。

(7) 提出一个新的购买问题。

(8) 表达一个更直接的异议。

2. 行为信号

推销人员应细致观察顾客行为，并根据其变化的趋势采用相应的策略、技巧加以诱导，这在成交阶段十分重要。通常行为信号表现为：

(1) 频频点头，对推销人员的介绍或解释表示满意。

(2) 耸起的双肩放松下来。

(3) 向前倾，更加靠近推销人员。

(4) 用手触摸订货单。

(5) 再次查看样品、说明书、广告等。

(6) 放松身体。

(7) 眼睛盯着产品的说明书、样品或者推销人员。

(8) 长时间沉默不语。

(9) 询问旁边人的意见。

(10) 主动热情地将推销人员介绍给负责人或其他主管人员。

(11) 开始计算数字。

3. 表情信号

个人的表情能够反映出这个人的内心世界。推销人员可以从顾客的面部表情辨别其购买意向。眼睛注视、嘴角微翘或点头赞许等都与顾客心理享受有关，均可以视为成交信号。具体表现有：

(1) 紧锁的双眉舒展分开并上扬。

(2) 眼睛转动加快，好像在想什么问题。

(3) 眼睛好像要闭起来一样，或是不眨眼。

(4) 嘴唇抿紧，好像在品味什么东西。

(5) 神色活跃起来。

(6) 随着说话者话题的改变而改变表情。

(7) 态度更加友好。

(8) 视线随着推销人员的动作或所指示的物品而移动。

(9) 原先做作的微笑变成自然的微笑。

由此可见，顾客的语言、面部表情和一举一动都在表明他在想什么。从顾客明显的行为上，推销人员完全可以判断出他是急于购买，还是抵制购买。当成交信号发出时，推销人员应及时捕捉，并迅速提出成交要求。当然，这种判断力是需要经验积累的。

（二）成交的方法

成交的方法具体包括以下几种：

1．请求成交法

请求成交法，又称为直接成交法，这是销售人员向客户主动地提出成交的要求，直接要求客户购买销售的商品的一种方法。

（1）使用请求成交法的时机。具体包括：

①对于老客户，销售人员需了解其需要，而老客户也曾接受过推销的产品。

②客户对推销的产品流露出购买的意向，可又一时拿不定主意，或不愿主动提出成交的要求。

③客户对产品有兴趣，但思想上还没意识到成交的问题，销售人员又回答了客户的提问。

（2）请求成交法的优点。具体包括：

①快速地促成交易。

②充分利用各种成交机会。

③可以节省销售的时间，提高工作效率。

④可以体现一个销售人员灵活、机动、主动进取的销售精神。

（3）请求成交法的局限性。请求成交法如果应用的时机不当，可能给客户造成压力，破坏成交的气氛，反而使客户产生一种抵触成交的情绪，还有可能使销售人员失去了成交的主动权。

2．假定成交法

假定成交法，又称为假设成交法，是指销售人员在假定客户已经接受销售建议、同意购买的基础上，通过提出一些具体的成交问题，直接要求客户购买商品的一种方法。

假定成交法的主要优点是可以节省时间，提高销售效率，并适当地减轻客户的成交压力。

3．选择成交法

选择成交法，是指直接向客户提出若干购买的方案，并要求客户选择一种购买方法。从表面上看来，选择成交法似乎把成交的主动权交给了客户，而事实上就是让客户在一定的范围内进行选择，可以有效地促成交易。其优点是可以减轻客户的心理压力，制造良好的成交气氛。应用选择成交法时，应注意不要给客户有拒绝的机会，避免向客户提出太多的方案。

4．小点成交法

小点成交法，又称次要问题成交法或避重就轻成交法，是指销售人员利用成交的小点来间接地促成交易的方法。小点成交法的优点是：可以减轻客户成交的心理压力，有利于销售人员主动地尝试成交；保留一定的成交余地，有利于销售人员合理地利用各种成交信号有效地促成交易。

5. 优惠成交法

优惠成交法，又称让步成交法，是指销售人员通过提供优惠的条件促使客户立即购买的一种方法。优惠成交法有利于创造良好的成交气氛，提高成交效率。若使用不当，会让客户误以为优惠产品是次货，从而丧失购买兴趣，不利于促成交易。

6. 保证成交法

保证成交法是指销售人员直接向客户提出成交保证，使客户立即成交的一种方法。保证成交法可以消除客户成交的心理障碍，增强成交信心，同时可以增强说服力以及感染力，有利于销售人员妥善处理有关的成交异议。在产品单价过高、缴纳的金额比较大、风险比较大时，可使用保证成交法。在使用保证成交法时，应注意看准客户的成交心理障碍，并维护企业的信誉。

7. 从众成交法

从众成交法，又称排队成交法，是指利用客户的从众心理促成交易的方法。从众成交法可以减轻客户担心的风险，尤其对于新客户而言，增加了其信心。但是从众成交法有一个缺点，即可能引起客户的反从众心理。

8. 机会成交法

机会成交法，又称无选择成交法、唯一成交法、现在成交法、最后机会成交法，是指销售人员直接向客户提示成交机会而促使客户立即购买商品的一种成交方法。当客户已被销售人员说服，但却未能决定购买时，这种方法对促成交易很有帮助。例如："我们这个机器只剩下三台了""我们最后的优惠时间只有一个星期了"等。

9. 异议成交法

异议成交法，又称大点成交法，是指销售人员利用处理客户异议的机会直接要求客户成交的方法。因为凡是客户提出了异议，大多是购买的主要障碍，异议处理完毕如果立即请求成交，往往能收到趁热打铁的效果。

10. 小狗成交法

小狗成交法来源于一个小故事：一个小男孩非常喜欢一只小狗，但是妈妈拒绝给他买，小男孩又哭又闹。店主发现后就说："如果你喜欢的话，就把这个小狗带回去吧，相处两三天再决定。如果你不喜欢，就把它送回来。"几天之后全家人都喜欢上了这只小狗，妈妈又来到了宠物商店买下了这只小狗。

这就是先使用、后付款的小狗成交法。有统计表明，如果准客户能够在实际承诺购买之前，先行拥有该产品，交易的成功率将会大大提高。

五、客户管理与维护

(一) 客户维护

客户维护的具体措施包括以下几个方面：

1．明确客户需求，细分客户，积极满足客户需求

资源
视频：关键客户管理

（1）采取更多优惠措施，如数量折扣、赠品、更长期的赊销等，而且经常和客户沟通交流，保持良好、融洽的关系及和睦的气氛。

（2）特殊客户特殊对待。根据80/20原则，公司的利润80%是由20%的客户创造的，并不是所有的客户对企业都具有同样的价值。有的客户带来了较高的利润率，有的客户对于企业具有更长期的战略意义。美国《哈佛商业评论》发表的一篇研究报告指出：多次光顾的客户比初次登门的人可为企业多带来20%～85%的利润。所以，善于经营的企业要根据客户本身的价值和利润率来细分客户，并密切关注高价值的客户，保证他们可以获得应得的特殊服务和待遇，使他们成为企业的忠诚客户。

（3）提供系统化解决方案。推销人员不应仅停留在向客户销售产品的层面上，要主动为他们量身订制一套适合的系统化解决方案，在更广的范围内关心和支持客户的发展，增强客户的购买力，扩大其购买规模，或者与客户共同探讨新的消费途径和消费方式，创造和推动新的需求。

2．建立客户数据库，与客户建立良好关系

在信息时代，客户通过互联网等各种便捷的渠道就可以获得更多、更详细的产品和服务信息，客户比以前更加聪明、更加不能容忍被动的推销。与客户的感情交流是企业用来维系客户关系的重要方式，日常的拜访、节日的真诚问候、婚庆喜事、过生日时的一句真诚祝福、一束鲜花，都会使客户深为感动。交易的结束并不意味着客户关系的结束，推销人员还需与客户保持联系，以确保他们的需求持续得到满足。由于客户希望与企业的关系超越简单的售买关系，因此企业需要快速地和每一个客户建立良好的互动关系，为客户提供个性化的服务，使客户在购买过程中获得产品以外的良好心理体验。

3．深入与客户进行沟通，防止出现误解

客户的需求不能得到切实有效的满足往往是导致企业客户流失的最关键因素。一方面，企业应及时将企业经营战略与策略的变化信息传递给客户，便于客户工作的顺利开展。同时把客户对企业产品、服务及其他方面的意见、建议收集上来，将其融入企业各项工作的改进之中。这样，既可以使老客户知晓企业的经营意图，又可以有效调整企业的营销策略以适应客户需求的变化。另一方面，企业要善于倾听客户的意见和建议，建立相应的投诉和售后服务沟通渠道，鼓励不满意客户提出意见，并及时处理客户异议，并且从尊重和理解客户的角度出发，站在客户的立场去思考问题，采用积极、热情和及时的态度处理问题。同时，也要跟进了解客户，采取积极有效的补救措施。大量实践表明，若2/3的客户离开某供应商，是因为该供应商对客户关怀不够。

4．制造客户离开的障碍

一个保留和维护客户的有效办法就是制造客户离开的障碍，使客户不能轻易跑去购买竞争者的产品。因此，从企业自身角度而言，要不断创新，改进技术手段和管理方式，提高客户的转移成本和门槛。从心理因素而言，企业要努力与客户保持亲密关系，让客户在情感上忠诚于企业，对企业形象、价值观和产品产生依赖和习惯心理，和企业建立长久关系。

品牌的层次与其客户参与的程度存在一种正比关系。一个品牌在客户心目中的层次和地位越低，客户参与企业的愿望就越弱；反之，一个品牌在客户心目中的层次和地位越高，客户甚至认为这个品牌关系到自己的切身利益，客户参与企业各种活动的积极性就越大，企业与客户的关系越紧密。特别是当他们将品牌视为一种精神品牌时，这种参与程度可以达到最高境界。因此，这就要求企业改变以往的单向的灌输式信息传播方式，而尽量与客户进行沟通和互动，让客户参与其中，只有这样才能建立起长期而稳定的客户关系，从而立于不败之地。

5. 培养忠实的员工，不断培训服务人员

只有忠实的员工才能够带来忠实的客户。一位推销专家深刻地指出，失败的推销人员常常是从找到新客户来取代老客户的角度考虑问题，成功的推销人员则是从保持现有客户并且开发新客户，使销售额越来越高、销售业绩越来越好的角度考虑问题的。对于新客户的销售只是锦上添花，没有老客户做稳固的基础，对新客户的销售也只能是对所失去的老客户的抵补，总的销售量不会增加。

(二) 客户投诉的处理

处理客户的投诉是客户管理的一项重要内容。出现客户投诉并不可怕，问题是如何正确看待和处理客户的投诉。一个企业要面对各式各样的客户，每天进行大量复杂、烦琐的销售业务，要使每一项业务让每一位客户感到满意是很难的。因此，推销人员要加强与客户的联系，倾听他们的不满，不断改正推销业务中的错误与不足，弥补和挽回给客户带来的损失，维护企业的声誉，提高产品品牌的知名度，为不断巩固老客户、吸引新客户而努力。

1. 客户投诉的种类

在销售业务中出现的客户投诉主要表现在以下几个方面：

(1) 产品及其质量的投诉。客户对产品及其质量的投诉，主要包括产品在质量上有缺陷、产品规格不符、产品技术规格超过误差标准、产品故障、产品品牌、产品式样、花色品种以及产品包装等方面的投诉。

(2) 买卖合同投诉。买卖合同投诉主要包括产品数量、等级、产品规格、交货时间、交货地点、交易条件、结算方式与原买卖合同的有关条款不符等。

(3) 货物运输投诉。货物运输投诉主要包括产品在运输过程中发生超规定的损坏、丢失和变质或因包装、装卸不当而造成的损失等。

(4) 销售服务投诉。销售服务有着丰富的内容，既有业务技术方面的服务，也有满足客户心理需要的服务。客户在这些服务项目上都可能产生不满，进而投诉。对销售服务的投诉具体包括：对质量保证的投诉，对安装、调试及检修等现场服务的投诉，对产品供应服务的投诉，对技术培训服务的投诉以及对满足心理需要服务的投诉等。

2. 处理客户投诉的原则

处理客户投诉应遵循热情、倾听、即时三个原则。

3. 处理客户抱怨的恰当方法

（1）推销人员应注意先向客户道歉，但对其具体的指责要在弄清事实后才接受。例如：对客户说："感谢您提出意见，我们一向很重视自己的信誉，发生您所说的事情，深感遗憾，我们一定会了解情况，加以改正。"

（2）询问对方提出抱怨的问题，并记下重点。

（3）耐心听客户说完意见，不要打断对方说话，也不要迫不及待为自己辩解。处理客户抱怨时，推销人员要用80%的时间来听，用20%的时间来说。

（4）迅速采取措施，消除客户抱怨的原因。

模块2 操作指导

一、客户开发计划的制定

企业应先明确开发目标，再制定具体的开发计划。

（一）明确开发目标

开发目标包括三个部分：

1. 潜在客户目标

潜在客户目标是最终目标，需要多少客户，潜在客户目标就是多少。

2. 联系目标

联系目标是过程目标，即需要与多少客户联系才能实现潜在客户目标。

3. 转化目标

转化目标即衡量联系的客户数量中能产生多少潜在客户的目标。

（二）制定开发计划

开发计划的内容包括用什么方式、在什么时间进行开发，然后排定时间表。销售人员既可以每周安排一天进行客户开发，也可以每天安排一定时间进行客户开发。客户开发是一项非常重要的工作，一旦制定了计划，就要严格执行。客户开发计划包括如下内容：

1. 销售任务描述

在制定计划时，先要明确销售任务的数量，并根据销售任务量确定需要的新客户总量，只有这样制定计划，才能保证事先确定的销售额的完成。

2. 确定每月开发目标

每月开发目标包括潜在客户目标、联系目标和转化目标，并标明起止日期。

3. 制定行动计划

销售人员在制定行动计划时，要填写行动日期、需要联系的客户数量和开发手段，计划执行后，要统计获取的潜在客户数量，并填写是否完成计划。

4. 总结计划执行情况

计划执行总结包括两部分：一是是否按时完成了计划；二是根据联系数量和获取的潜在客户数量，考查自己是否达到了转化目标。如果没有达到，要思考改进的方法。

二、拜访计划的制定

拜访计划的制定可遵循下列流程：

（一）分析客户

销售人员应事先分析客户的购买动机，以及被访者的特点以及可能的个人需求。做了如上分析后，销售人员就知道应该重点向客户推荐产品的哪些竞争优势了。

（二）设计拜访目标

拜访目标是企业的拜访战略，能引导销售面谈的方向，没有目标意味着面谈之初并不知道什么结果，在这种情况下拜访效果难以保证。简单地讲，拜访目标就是期待要达到的结果，拜访目标有很多，如获取订单、激发客户的购买欲望、了解客户信息、延续感情等。

（三）设计沟通策略

沟通策略有两个方面：一方面是了解客户信息的策略，包括需要了解的信息内容和方法；另一方面是影响客户的策略。

（四）预测异议

预测可能出现的异议并事先拟定对策。

课堂活动：制定拜访计划

背景资料：张明是金鼎礼品公司的销售员。为了迎接牛年的到来，金鼎礼品公司推出了“金牛贺岁”“牛气冲天”等多款高档笔筒和台历，公司让销售员在新年到来之前，向他们的客户推荐这些应时礼品。张明通过网站了解到××公司是一家医疗器械供应商，主要向各大医院销售医疗设备。每年年末，公司将会举办大规模的客户答谢会。张明昨天约到了××公司的办公室主任刘敏。今天，他带了部分礼品样品和全部礼品的图册上门展示。

分析执行：首先，团队进行客户分析；然后，设定拜访目标，设计沟通策略，并预测异议；最后，将相关内容填入表6—1中。

活动记录：

表6—1 **拜访规划表**

客户分析	
拜访目标	
沟通策略	
预测异议	

三、客户异议处理流程

（一）倾听客户异议

倾听是一个很重要的推销技巧。倾听，不仅表示对客户的尊重，更要听清楚客户想要讲什么。推销员要通过一些问题来鼓励对方讲出异议，例如：“您能说得更详细一些吗?”“请您再讲一遍好吗?”“您的这个想法很有意思。”通过询问可以让客户重新认真思考自己的异议，并准确地表达出来，这对于解决客户异议是十分必要的。

（二）表示理解客户异议

当客户提出异议的时候，他的情绪是紧张的，他要准备迎接推销员的反击。但此时推销员要用表示理解这个技巧让他松弛下来。一个不愿意被说服的人是永远不能被说服的，推销员必须改变客户的敌意。可以通过“我非常理解您的想法……”“我也有同样的感受……”“我知道您的意思了，您的担心是……”这样的话表明推销员是和客户站在一起共同面对问题，从而淡化双方冲突的气氛。

（三）重述客户异议

推销员可以将客户异议加以归纳，然后用提问的方式重述，让客户确认。例如：“××女士，您的问题是太阳能热水器能否真的省钱?”“××先生，综合您刚才说的，您的担心是产品的售后维修工作，是吗?”重述是推销员必须掌握的技巧，因为有很多时候客户自己并不明确异议，如果此时急于按照客户认为的进行解释，往往可能跑题，当他不感兴趣的时候，推销员就失败了。先使客户意见具体化有助于彻底找出导致客户异议的真正原因，这样才能有的放矢。推销员可以使用推销询问技巧。

（四）提出解决客户异议的建议或方案

当推销员把所有铺垫都做好以后，就可以拿出解决客户异议清晰、有效的推销技巧了。推销员可以对客户异议进行有效的解释，或者针对客户异议提出解决方案。在这个步骤，一定要注意所提出的解释应该是有助于成交的，而提出的方案（如价格优惠等）也是为了尽快达成交易。

（五）促成交易

如果客户同意了异议的处理，那下一步应赶快成交。有些推销员为了解决客户异议喋喋不休，结果耽搁了成交时机。每当解决完一个客户异议就是成交的最好时机。

案例 1：一次成功的销售

有个女老板是湖南人，生意做得有声有色。销售员小李第一次去她店里的时候，刚准备跟她打招呼，但她看到小李提着样品，不等他开口，就很不耐烦地说："不要！不要！不要！"小李看出女老板态度不好，心想这时跟她谈业务，效果肯定不好。于是改口道："我来买点干辣椒。我是四川人。你呢？是湖南人？"小李一边说一边去货架上拿了袋装辣椒。

"你怎么知道？"

"你卖的是湖南特产，很大可能就是湖南人。我也接触过不少湖南人，听你的口音也像湖南的。"

就这样跟女老板闲聊了几句，小李付钱后就离开商店。小李心想这次不适合谈正事，只能等以后相机而行。

之后小李又去了几次商店，但后面几次小李是特意在女老板忙的时候去的。小李去干什么？小李去帮她搬货、招呼客人。小李的种种举动最终感化了女老板，她说："你什么时候把样品再拿来看看吧。"第一次她就定了十件桶装的乡王香油，而且付了现款。小李承诺如果卖不掉可以退换，女老板也相信小李所说的话。

资料来源：天涯社区：市场营销，见 http：//bbs. tianya. cn/post-152-757243-1. shtml。

问题：

1. 本案例中销售员是如何推销成功的？
2. 销售员的做法有哪些值得我们学习的地方？

案例 2：一个经典销售案例：如何把胸罩卖给男人？

这是一个吸引眼球的营销故事。有 5 个市场营销专业毕业的应届大学生到广东一家女性内衣公司应聘。或许受了网络上流传的“可以把梳子卖给和尚吗”这个创意的启发，该公司对正式上岗前的业务员有这样一项测试：把公司的某品牌胸罩推销给在校的男生，并在规定的时间内完成一定的销售任务。

第一个业务员悄悄走访了几个熟悉的小师弟，但都遭到了拒绝。后来他灵机一动，自己掏钱买了 10 个胸罩，然后在规定的时间内回公司报到。

第二个业务员拜访了很多男生宿舍，并挨个问男生们买不买胸罩，他的行为被很多男生斥责为“神经病”“变态”，但他仍然天天坚持，最后终于感动了一个也是市场营销专业的男生，出于对校友就业艰难的同情，掏钱买了 1 个胸罩。

第三个业务员反复思考了几套推销方案，最后决定发展一些小师弟成为销售代表，向他们的女同学推销产品。但因为是小师弟代销，他们都缺乏必要的培训，尽管小师弟们都很卖力，但总共只卖出了 30 个胸罩，而且大部分是卖给自己的女朋友。

第四个业务员回到母校找到原来的班主任，表示要和下几届学生开展一个销售实践的交流活动。他强调跟小师弟、小师妹互动和交流，可以拓宽在校生的视野，到时他还要以一个生动的推销案例在现场进行推销示范。班主任觉得有道理，对这项活动表示支持。由于事先安排了几个“内线”，在几个铁哥们的踊跃带领下，终于感动了很多小师弟、小师妹，他们出于惺惺相惜的心理，每个人掏钱买了一个胸罩。当时一共 80 人在场，其中 5 个是“自己人”，所以该业务员一共卖出了 75 个胸罩。

第五个业务员经过充分的分析之后，回到母校找到颇有商业意识的学院主任，以给在校生增加工作实践为名，发起了一个颇有轰动效应的活动——“你能把胸罩卖给男生吗？——暨面对就业形势，某国际品牌营销专家实战训练专题讲座”。活动内容包括：聘请某国际品牌营销总经理来学校举行营销实战专题讲座，每个在校生都可以自愿参加，由于受训场地限制，每个参加者需支付 60 元的活动组织费用。同时，作为培训讲座的最后一个环节——一项非常有挑战性的实战演练，每位参加者负责在一个星期之内向男生推销 2 个胸罩（不再收费），推销收入作为购买入场券的补偿，活动之后还将在本院举行总结交流活动。由于就业形势严峻，对于这样一个集理论、技能以及社会实践于一体的富有创意的项目，在学院主任的运筹帷幄下，在各班级引起了强烈反响。

事后统计，该活动共有 600 人参加，一共卖出了 1 000 多个胸罩。公司营销总经理也很重视这次树立公司形象的公关事件，亲自到场做了精彩演讲，参加的学生对本次活动都感到非常满意。

资料来源：微口网，见 http：//www. vccoo. com/v/6f4637。

问题：

1. 请评价5个业务员的销售行为。

2. 如果你是业务员，你如何完成销售任务？请设计自己的销售思路。

顾客方格理论

顾客方格理论是指不同的顾客对待推销人员和商品购买行为有着不同的心态，根据顾客对购买行为和推销人员两方面的关心程度，可将顾客分为五种类型（见图6—1）。

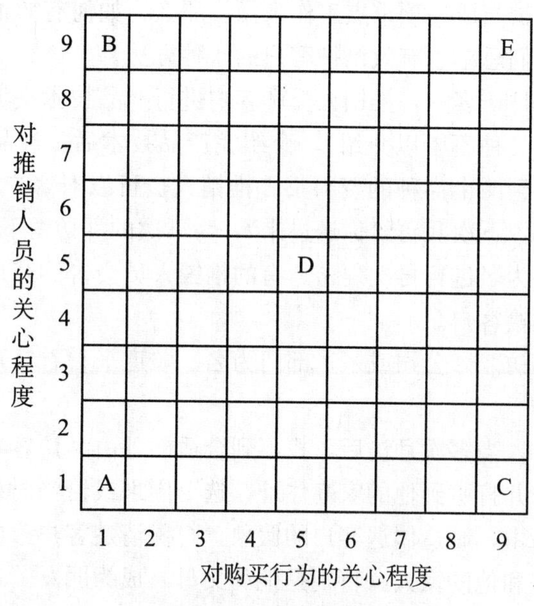

图6—1 顾客方格图

一、漠不关心型顾客（Careless Purchaser），**坐标：**A（1，1）

这种心理的顾客的特征是既不关心购买行为，也不关心推销人员。产生这种心态的原因：一是没有购买决策权，二是害怕承担风险。对这种心理的顾客的推销难度大，难以完成推销任务。

二、软心肠型顾客（Pushover Purchaser），**坐标：**B（1，9）

这种心理的顾客的特征是花钱买“和气”，容易被说服。对这种心理的顾客在推销中不能欺骗他们。

三、防卫型顾客（Defensive Purchaser），**坐标：**C（9，1）

这种心理的顾客的特征是提防心理强。产生这种心态的原因：一是存在偏见，二是有过受骗上当的经历。因此，在推销中要以诚感化，一旦去除偏见或成见，就能达成推销目的。

四、干练型顾客（Reputation Purchaser），**坐标：**D（5，5）

这种心理的顾客的特征是相对冷静，自信且固执，身份和虚荣心需求高，一般为那些经济基础相对雄厚、文化层次不高的客户。在推销时，推销人员应强调产品对显示身份或社会地位的作用。对这种心理的顾客的推销难度可能很大。

五、寻求答案型顾客（Solution Purchaser），**坐标：**E（9，9）

这种心理的顾客的特征是自信、理智、心态开放，具有领导者风范，往往为事业成功人士。对这种心理的顾客，推销人员无须过多推销。

八种方法有效维护客户

从一定程度上来看，推销人员有效维护好一个客户比新开发一个客户的价值更大，所以，业务员要把客户维护当成一项重点工作来做。那么，如何有效地维护好客户？一些专业的管理咨询顾问为我们总结了有效维护客户的八种方法。

方法一：当第一次拜访客户，推销人员和客户进行产品技术交流时，不能一次性全部介绍完（适当留住几个品种不予以介绍），介绍完产品技术后，产品资料书也不要一次性发完，每次只给客户一到两个品种的资料书。推销人员可以对客户说“今天来的客户比较多，发完了，要不这样，下次我再给你送过来”，为下次的拜访留下空间和余地。

方法二：以送资料为名进行再次拜访。有的推销人员会告诉客户公司最近新开发了一种产品，可以把资料送给客户。

方法三：以刚刚拜访××公司或××部门为名，顺道来看看客户，找个时机可以和客户随便聊聊。

方法四：家庭拜访。当多次拜访后，找不到合适的理由拜访客户的时候，推销人员可以在客户下班后，跟踪并打听到他的家庭住址，选个周末或恰当时机，在其所在小区，以自己看望朋友或亲友为由，制造偶遇客户的假象，打探清楚客户家的具体楼层，以便下次带着礼物登门拜访，并和他的家人（特别是他的父母）成为朋友。

方法五：带着同事或者技术工程师，以为别的客户提供售后服务为名，路过客户的公司，顺便上来看有没有为他们效劳的地方，请客户尽管开口，让客户被你的服务感动。

方法六：进行多次拜访，与客户比较熟悉后，自然而然，对客户及其家人的生日都比较清楚了。如果遇到客户或其家人患病，要及时电话问候，或者提着水果上门问候。

方法七：在春节、中秋节、元旦等传统节日，以微信、短信的方式发出祝福和问候。

方法八：周末选个好天气，陪客户带两三个朋友或同事，租车或自己开车到郊外钓鱼、打球或郊游等。

模块5 团队项目实战训练

1. 项目任务

校园商品展销活动。

2. 训练目的

(1) 通过实际操作熟悉推销的流程，完成真实的推销任务；

(2) 通过实战补充、完善知识，提高学生推销技能，增强自信心；

(3) 通过团队作业方式锻炼团队合作能力，提高专业素质。

3. 实训内容

(1) 每组推销团队利用课余时间分析市场需求，讨论顾客类型和特征，选择推销商品；

(2) 团队自己联系厂家、商家，购进或代理其商品；

(3) 熟悉所要推销的企业、商品以及竞争对手状况；

(4) 寻找和挖掘潜在的顾客；

(5) 进行校园商品推销活动。

4. 实战训练成果及检测

(1) 根据每个团队在校园商品推销活动中的表现、团队精神、创造性以及销售业绩评分；

(2) 实战训练结束后，组织一次课堂销售总结讨论活动；

(3) 老师根据每个团队在校园商品推销活动中的表现、团队精神、创造性以及销售业绩及课堂交流的表现打分。

一、判断题

1. 推销员进门前，如果门是开启的，可以不必按门铃或敲门。(　　)

2. 当推销员第一次使用电话与潜在顾客谈话时，不要在电话中介绍产品和价格。(　　)

3. 优惠成交法和最后机会成交法结合起来使用更能增强对准顾客的刺激强度。(　　)

4. 强调共同点是推销人员与顾客建立亲和力的有效途径。(　　)

5. 对客户进行品行、偿债能力、资本、抵押品和条件等方面的定性分析，基本上可以判断其信用状况。(　　)

二、单选题

1. 在推销活动中，推销员必须坚持以(　　)为中心。

A. 企业　　B. 产品　　C. 市场　　D. 顾客

2. 某新款果汁机的性能质量超越原有产品，在向目标顾客推销时，推销人员最好采用(　　)。

A. 产品接近法　　B. 好奇接近法　　C. 利益接近法　　D. 求教接近法

E. 表演接近法　　F. 赞美接近法

3. 具备下列哪一种情况的人才能成为准顾客？(　　)

A. 有强烈的购买欲望

B. 有足够的购买力

C. 有对推销商品的渴求

D. 能从推销的商品消费中获益并有购买该商品的支付能力

4. 推销人员对推销对象的情况知之甚少时，直接走访某一特定区域的所有个人或组织，以寻找潜在顾客的方法是（ ）。

A. 地毯式访问法　B. 中心开花法　C. 个人观察法　D. 链式引荐法

5. 推销人员问顾客："这种产品您是要红色的还是要黑色的呢?"他的方法是（ ）。

A. 请求成交法　B. 选择成交法　C. 谈判成交法　D. 小点成交法

三、多选题

1. 一名顾客在一家大商场选购某种小家电时向营业员提出"你们的价格为什么这么高"，经验丰富的营业员可以说明价格差异的主要原因是（ ）。

A. 品牌不同　B. 用料不同　C. 规格不同　D. 使用寿命不同

E. 用途不同

2. 推销要素包括（ ）。

A. 推销人员　B. 推销机构　C. 推销品　D. 推销对象

3. 你认为推销员成交失败的原因主要是（ ）。

A. 害怕失败　B. 顾客难缠

C. 没有主动提出成交　D. 思想顾虑

E. 对推销品缺乏信心

4. 推销员除具备基本的思想、文化、身体及心理素质外，还应练就的技能是（ ）。

A. 语言表达能力　B. 社交能力

C. 洞察能力　D. 应变能力

E. 处理异议能力

5. 推销员成功地做了表演示范，消除了各种异议之后接着应该（ ）。

A. 把买卖合同呈上　B. 保持沉默，等待顾客表态

C. 把名片递给顾客　D. 试探性地提出成交

E. 重申有关推销要点

四、简答题

1. 拜访的流程有哪些?

2. 如何维护老客户?

3. 处理顾客异议的方法有哪些?

参考文献

［1］国务院法制办公室．中华人民共和国公司法［M］．北京：中国法制出版社，2010.

［2］菲利普·科特勒，凯文·莱恩·凯勒著，王永贵等译．营销管理（第 14 版）［M］．上海：格致出版社，上海人民出版社，2012.

［3］罗杰·A. 凯林等著，董伊人等译．市场营销［M］．北京：世界图书出版公司，2011.

［4］章金萍．市场营销实务（第三版）［M］．北京：中国人民大学出版社，2013.

［5］菲利普·科特勒，加里·阿姆斯特朗著，楼尊译．市场营销原理（第 16 版）［M］．北京：中国人民大学出版社，2015.

［6］周宏敏．市场调研实训教程［M］．北京：清华大学出版社，2011.

［7］酒井隆著，郑文艺、陈菲译．图解市场调查指南［M］．广州：中山大学出版社，2011.

［8］艾·里斯，劳拉·里斯．中国茶如何走出有品类无品牌困局［J］．市场与销售（管理版），2012，2（436）：14.

［9］方志坚，章金萍．营销策划实务与实训［M］．北京：中国人民大学出版社，2011.

［10］章金萍，方志坚．营销策划［M］．北京：高等教育出版社，2016.

［11］池丽华．市场营销学［M］．上海：立信会计出版社，2011.

［12］小卡尔·麦克丹尼尔，罗杰·盖茨著，李桂华等译．当代市场调研（原书第 8 版）［M］．北京：机械工业出版社，2012.

［13］阿尔·里斯，杰克·特劳特，谢伟山，苑爱冬译．定位：有史以来对美国营销影响最大的观念［M］．北京：机械工业出版社，2011.

［14］张云，王刚．品类战略［M］．北京：机械工业出版社，2014.

［15］威廉·阿伦斯等著，丁俊杰等译．广告与营销策划（第 11 版）［M］．北京：人民邮电出版社，2013.

［16］朱华锋．促销活动策划与执行［M］．合肥：中国科学技术大学出版社，2013.

［17］金水．广告策划创意与案例分析［M］．北京：经济日报出版社，2015.

［18］陈建中等．营销策划文案写作指要［M］．北京：中国经济出版社，2011.

［19］程宇宁．品牌策划与管理（第二版）［M］．北京：中国人民大学出版社，2014.

［20］孟繁荣．公关策划［M］．北京：经济管理出版社，2011.

［21］尚阳．营销渠道设计、管理与创新［M］．北京：中国财富出版社，2011.

［22］骆品亮．定价策略（第3版）［M］．上海：上海财经大学出版社，2013.

［23］王云．销售冠军这样做业务［M］．北京：机械工业出版社，2010.

［24］胡娜．推销技巧［M］．北京：中国人民大学出版社，2013.

［25］毕思勇．推销技巧［M］．北京：高等教育出版社，2015.

［26］周静利，吴婷．专业销售［M］．北京：企业管理出版社，2011.

［27］中村胜宏，师瑞德．第一次做业务就上手［M］．北京：机械工业出版社，2010.

［28］符莎莉．市场营销实务：项目导向教程［M］．北京：电子工业出版社，2010.

［29］安妮·T. 科兰等著，蒋青云等译．营销渠道（第7版）［M］．北京：中国人民大学出版社，2008.

［30］黄宪仁．新产品研发与销售［M］．厦门：厦门大学出版社，2009.

后　记

《市场营销实务》(第四版) 经过编写组成员的共同努力，以及多方的热忱合作，终于问世了。本书由浙江金融职业学院经营管理系主任章金萍教授主编并撰写项目一、项目二(其中项目二案例由浙江金融职业学院曹湛副教授提供)，浙江金融职业学院戴海容副教授撰写项目四，罗怀中副教授撰写项目五，胡娜副教授撰写项目六，陈小红老师撰写项目三。全书由章金萍统纂、修改定稿。在本书写作过程中，我们参阅了大量中外文献，并得到了中国人民大学出版社沃群锋老师的大力帮助和支持，在此一并致谢!

作　者

2017 年 1 月于杭州

图书在版编目（CIP）数据

市场营销实务/章金萍主编. —4版. 北京：中国人民大学出版社，2017.5
21世纪高职高专规划教材. 市场营销系列
ISBN 978-7-300-24005-3

Ⅰ.①市… Ⅱ.①章… Ⅲ.①市场营销学-高等职业教育-教材 Ⅳ. ①F713.50

中国版本图书馆CIP数据核字（2017）第020930号

"十二五"职业教育国家规划教材
21世纪高职高专规划教材·市场营销系列
浙江省高职高专市场营销优势专业建设成果
总主编 章金萍
市场营销实务（第四版）
主 编 章金萍
Shichang Yingxiao Shiwu

出版发行	中国人民大学出版社		
社 址	北京中关村大街31号	邮政编码	100080
电 话	010-62511242（总编室）		010-62511770（质管部）
	010-82501766（邮购部）		010-62514148（门市部）
	010-62515195（发行公司）		010-62515275（盗版举报）
网 址	http：//www.crup.com.cn		
经 销	新华书店		
印 刷	北京玺诚印务有限公司	版 次	2013年6月第1版
规 格	185 mm×260 mm 16开本		2017年5月第2版
印 张	12.5	印 次	2020年1月第7次印刷
字 数	261 000	定 价	28.00元

信息反馈表

尊敬的老师：

您好！为了更好地为您的教学、科研服务，我们希望通过这张反馈表来获取您更多的建议和意见，以进一步完善我们的工作。

请您填好下表后以电子邮件、信件或传真的形式反馈给我们，十分感谢！

一、您使用的我社教材情况

<table>
<tr><td rowspan="2">您使用的我社教材名称</td><td colspan="3"></td></tr>
<tr><td colspan="3"></td></tr>
<tr><td rowspan="2">您所讲授的课程</td><td></td><td rowspan="2">学生人数</td><td></td></tr>
<tr><td></td><td></td></tr>
<tr><td>您希望获得哪些相关教学资源</td><td colspan="3"></td></tr>
<tr><td>您对本书有哪些建议</td><td colspan="3"></td></tr>
</table>

二、您目前使用的教材及计划编写的教材

<table>
<tr><td rowspan="3">您目前使用的教材</td><td>书名</td><td>作者</td><td>出版社</td></tr>
<tr><td></td><td></td><td></td></tr>
<tr><td></td><td></td><td></td></tr>
<tr><td rowspan="3">您计划编写的教材</td><td>书名</td><td>预计交稿时间</td><td>本校开课学生数量</td></tr>
<tr><td></td><td></td><td></td></tr>
<tr><td></td><td></td><td></td></tr>
</table>

三、请留下您的联系方式，以便我们为您赠送样书（限1本）

<table>
<tr><td>您的通信地址</td><td colspan="3"></td></tr>
<tr><td>您的姓名</td><td></td><td>联系电话</td><td></td></tr>
<tr><td>电子邮箱（必填）</td><td colspan="3"></td></tr>
</table>

我们的联系方式：

地　址：苏州工业园区仁爱路158号中国人民大学苏州校区修远楼

电　话：0512-68839320　　传　真：0512-68839316

E-mail：huadong@crup.com.cn　　邮　编：215123

网　址：www.crup.com.cn